Inhalt

Anneliese Albrecht

Denn alles Leben ist wie Gras

Wie eine Mutter Leiden und Sterben
ihrer Tochter erlebte

Herder
Freiburg · Basel · Wien

Die Namen der Ärzte und Pfleger sowie anderer Betroffener
wurden geändert.

Dritte Auflage
Alle Rechte vorbehalten – Printed in Germany
© Verlag Herder Freiburg im Breisgau 1990
Herstellung: Freiburger Graphische Betriebe 1990
ISBN 3-451-21697-3

Vorwort

Gisela, das dritte unserer neun Kinder, war gerade ein Jahr tot, als ich das starke innere Bedürfnis verspürte, die Geschichte vom Leiden und Sterben unserer Tochter aufzuschreiben, so wie ich es miterlebt und empfunden habe. Ich habe Angst davor gehabt, und es hat auch wehgetan. Es war ein schwerer Weg, den ich dabei noch einmal gehen mußte. Aber er war nicht umsonst. Denn am Ende meines Schreibens konnte ich diesen Tod annehmen und akzeptieren.

Es sollte kein literarisches Werk werden, mir geht es um Erfahrungen und Erinnerungen. Auch habe ich viele Einzelheiten aufgeschrieben, damit sie nicht vergessen werden. Giselas Mut, ihre Tapferkeit, vor allem aber ihre Geduld haben mich beim Schreiben begleitet.

Ich wollte diese Geschichte festhalten für unsere Kinder, für meine Freunde und vor allem für mich.

Der Grund für die Veröffentlichung dieses Buches ist für mich ein anderer: Gisela hat gerade in der Zeit ihrer Krankheit so vielen anderen Menschen geholfen. Ihre Mitpatienten samt ihren Angehörigen hat sie aufgerichtet, durch ihr unerschütterlich frohes Wesen ermuntert und getröstet. Es ist mir ein Anliegen, diese Hilfe auch nach ihrem Tod weiterleben und anderen zukommen zu lassen. Vielleicht kann diese Geschichte anderen Betroffenen helfen. Ich weiß aus eigener Erfahrung, wie wichtig diese Hilfe ist.

Bemerken möchte ich noch, daß ich alle medizinischen Vorgänge und Abläufe so wiedergebe, wie ich sie selbst beobachtet habe und wie Gisela sie mir erzählt und erklärt hat.

Ich stehe noch heute mit einer Mitpatientin Giselas in brieflicher Verbindung, die die Ärzte als geheilt betrachten.

Auch Giselas Schulkamerad, von dem im Buch erwähnt ist, daß er die gleiche Krankheit hatte, arbeitet inzwischen als Pfleger in einer Klinik. Die Diagnose „Leukämie" muß also nicht das Ende aller Hoffnungen bedeuten.

Gott gebe, daß dieses Buch seinen Zweck erfüllt.

Das war Gisela: 18 Jahre alt, selbstbewußt, lebensfroh, willensstark und kontaktfreudig.

Für ihr Alter war sie auffallend reif und kritisch.

Die Berufsausbildung als Kinderpflegerin hatte sie abgeschlossen. Das Leben lag mit seiner ganzen Fülle vor ihr.

Doch es sollte alles anders kommen.

Es begann damit, daß unsere älteste Tochter Elisabeth eines Tages zu mir kam und sagte: „Du Mama, schau doch einmal bei unserer Gisela nach, sie hat so komische blaue Flecken auf der Brust. Ich habe ihr geraten, zum Arzt zu gehen, doch sie meinte, das sei nicht notwendig."

Bei der nächsten Gelegenheit sprach ich Gisela darauf an und ließ mir die Flecken zeigen. Als ich ihr ebenfalls riet, zum Arzt zu gehen, sagte sie wieder: „Mama, das ist nichts Besonderes, ich hatte das schon einmal, und es ist von selbst wieder verschwunden." Da es keinen Zweck hatte, länger auf sie einzureden, wartete ich erst einmal ab.

Sie hatte recht – die Flecken verschwanden. Doch bald darauf – es war im Oktober 1984 – stellte sich ein Juckreiz ein, so aggressiv, daß sie sich wund kratzte. Wir dachten an eine Allergie, und ich schickte Gisela zum Hautarzt. Seine Diagnose lautete: „Überreizte Haut." Er gab ihr eine Spritze und Medikamente. Darauf wurde es besser, aber nur für kurze Zeit. Über Nacht bekam sie eine so starke Gelenkentzündung am Knie, daß sie nicht mehr stehen konnte. Der Arzt konnte sich diese Entzündung nicht erklären, gab ihr jedoch etwas zum Einreiben nach dem Motto: „Schmieren und Salben hilft allenthalben." Meine Hausmittel hatten allerdings eine bessere Wirkung.

Weihnachten war vorbei, und Gisela wollte mit ihrem Freund Reiner eine Woche Skiurlaub in Südtirol machen. Darüber war ich verärgert, weil ich etwas gegen gemeinsame voreheliche Urlaubsaufenthalte habe. Natürlich fuhren sie trotzdem am Neujahrsmorgen los, noch in der Dunkelheit – ohne das genaue Ziel genannt zu haben. Die Woche war noch nicht vorbei, als sie wieder zurückkamen.Gisela war erkältet und hatte schon am Urlaubsort mit Fieber einen Tag im Bett gelegen.

Der nächste Gang zum Arzt war also wieder fällig. Meine Reaktion: Selber schuld! Warum mußte sie auch bei dieser extremen Kälte bis Südtirol fahren. Diesmal lautete die Diagnose: Mandelentzündung. Biologische Arzneimittel wurden eingesetzt – vergebens. Es folgten Antibiotika. Die Mandelentzündung ging zwar zurück, Giselas Allgemeinbefinden verschlechterte sich jedoch zusehends. Beim Husten sonderte sich immer wieder blutiger Schleim ab. Sie wurde immer blasser, immer müder. Da Gisela nur eine Halbtagsstelle hatte, konnte sie inzwischen wieder arbeiten gehen. Sie kam jedoch mit jedem Tag erschöpfter heim, aß mittags nichts mehr und legte sich sofort ins Bett.

Mein Herz drohte stillzustehen

Mir gefiel das Ganze überhaupt nicht mehr, und ich besann mich auf ein ärztliches Hausbuch, das in meinem Bücherregal stand. Blässe und Müdigkeit Giselas ließen mich vermuten, daß mit ihrem Blut etwas nicht in Ordnung sein mußte. Bis heute weiß ich nicht, warum ich im Inhaltsverzeichnis des besagten Buches ausgerechnet nach Leukämie suchte. Da stand es schwarz auf weiß: Anzeichen dieser schrecklichen Krankheit sind Juckreiz, Gelenkentzündungen, blutige Mandelentzündung.

Mein Herz drohte einen Moment stillzustehen. Ich fragte mich: Warum hatte ihr Arzt – sie hatte einen anderen Arzt gewählt als unseren Hausarzt – nicht schon längst ihr Blut untersucht? Gisela sagte ich nichts von meiner Entdeckung, riet ihr aber ganz dringend, zum Arzt zu gehen und ihr Blut untersuchen zu lassen. Ich fügte noch hinzu, daß sich ein junger Mensch doch normalerweise von einer Mandelentzündung erholt und deshalb doch noch etwas anderes im Spiel sein mußte. Mit dieser schrecklichen Vermutung ging ich an diesem Abend zu Bett.

Am anderen Tag wollte ich mit Hermann zu meiner Freundin nach Bayrischzell fahren, um dort mit ihm ein Wochenende zu verbringen. Wir fuhren los, und die Faust, die mein Herz fast zerdrückte, fuhr mit. Meinem Mann konnte ich nichts sagen. Er mußte schließlich fahren, und sein Wochenende sollte nicht auch noch verdorben sein. Meine Gedanken drehten sich nur noch im Kreis. Ich konnte nicht schlafen – nichts unternehmen. Auf Hermanns mehrmalige Frage, was denn mit mir los sei, konnte ich nur antworten: „Ich weiß nicht, ich hab' so eine fürchterliche Unruhe in mir." Als ich mit Maria – meiner Freundin – allein war und sie im Laufe des Gesprächs nach Gisela fragte, denn sie war ihre Firmpatin, erzählte ich ihr von meiner Vermutung und meiner Sorge. Maria aber meinte, daß andere Krankheiten ähnliche Symptome haben könnten und daß ich mich bestimmt täuschen würde.

Das beruhigte mich überhaupt nicht. Denn ich war fest davon überzeugt, daß Gisela Opfer dieser heimtückischen Krankheit sein würde. Mir wurde immer enger ums Herz, und auf die nochmalige Frage von Hermann während der Heimfahrt sagte ich, ich würde ihm zu Hause sagen, was mich bedrückt. Als wir zu Hause ankamen, ging es rund. Anita und Regina, unsere zwei Jüngsten, stürzten uns entgegen und hatten eine Menge zu fragen und zu erzählen. Mein Mann schaute im Betrieb nach, ob alles in Ordnung war, und dachte an diesem Abend nicht mehr an seine Frage und meine Antwort während der Heimfahrt, und ich war eigentlich froh darüber. Giselas Zustand hatte sich inzwischen weiter verschlechtert. Am anderen Morgen suchte sie, bevor sie zur Arbeit ging, ihren Arzt auf, um ihr Blut untersuchen zu lassen. Er schickte sie aber gleich nach Kempten in ein Speziallabor. An diesem Vormittag kam

Hermann mit der Tageszeitung zu mir in die Küche, um sie flüchtig zu lesen. So ganz nebenbei sagte er: „Gespannt bin ich, was bei dieser Blutprobe herauskommt." Darauf sagte ich dann, daß dies der Grund meiner Unruhe sei und daß ich eine Vermutung habe. Auf seine Frage, was das denn sei, sagte ich: „Leukämie." Hermann sagte, so als hätte er dies gar nicht registriert: „Meinst du?" Er las noch eine Weile und ging dann wieder in den Stall. Mit meiner Sorge war ich also allein. Später sagte er mir einmal, er habe das einfach nicht geglaubt. In den nächsten Tagen schnitt ich dieses Thema nicht mehr an und wartete das Untersuchungsergebnis ab, das am Donnerstag beim Arzt vorliegen sollte.

Der letzte Arbeitstag

Für Gisela begann an diesem Donnerstag der letzte Arbeitstag. Auf dem Heimweg wollte sie bei ihrem Arzt vorbeischauen. Ich wußte an diesem Vormittag nicht, sollte ich anrufen – sollte ich abwarten. Schließlich ging ich dann doch zum Telefon. Auf meine Frage, wie das Untersuchungsergebnis denn ausgefallen sei, sagte der Arzt, das Ergebnis sei nicht eindeutig und daß nochmals eine Blutabnahme notwendig sei. Daraufhin sagte ich ihm, daß ich eine Vermutung hätte und umgehend wissen möchte, was mit meiner Tochter los sei. „Nun", sagte er, „ich habe schon gesagt, daß das Ergebnis noch nicht eindeutig ist, aber drei Möglichkeiten ziehe ich in Betracht. Entweder hat sie eine Sepsis als Folge der Mandelentzündung, oder sie hat eine Virusinfektion. Oder was das Schlimmste wäre und woran Sie vielleicht auch denken ..." – „Genau das denke ich, und ich will, daß Gisela sofort in die Hände von Spezialisten kommt und nichts, aber auch gar nichts versäumt wird." Ich sagte ihm, daß Gisela mittags vorbeikommen werde. Und noch einmal sagte ich: „Ich werde aufpassen, daß nichts versäumt wird."

Im Anschluß an unser Gespräch rief der Arzt im Kindergarten an und sagte, daß Gisela mittags unbedingt wegen einer nochmaligen Blutabnahme zu ihm kommen solle. Das Kindergartenpersonal erschrak sehr: Denn wegen einer harmlosen Sache hätte er bestimmt nicht bei der Arbeitsstelle angerufen.

Als Gisela nach Hause kam, hatte sie wieder Gelenkschmerzen und legte sich sofort ins Bett.

Dieser Donnerstag war der „lumpige Donnerstag", an dem in unserer Dorfwirtschaft immer das Kaffeekränzchen der Frauen stattfand. Als Ortsbäuerin war ich fast gezwungen hinzugehen, zumal ich die beiden vorangegangenen Jahre schon verhindert gewesen war. Also gab ich meinem Herzen einen Stoß und ging hin. Es war sehr schlimm für mich in all dem Trubel und der Freude bei Musik und Tanz. Nach einer guten Stunde verschwand ich wieder durch den Hinterausgang.

Giselas Gelenkschmerzen verstärkten sich ständig, und ich begann ihr Zimmer aufzuräumen, denn Ordnung war nicht ihre Stärke. Abends war ich dann damit fertig, sogar neue Vorhänge hatte ich aufgehängt und ein paar Möbel umgestellt. Es waren alte Möbel, die Gisela im Herbst noch alle selbst abgelaugt hatte. Ein blitzblankes und freundliches Zimmer war das Ergebnis meiner Arbeit. Man hätte seine helle Freude daran haben können, wenn – ja wenn ...

Ein Kreuz auf die Stirn

Abends kam dann ihr Freund, und ihre Schmerzen wurden unerträglich. Wir beschlossen, den Arzt anzurufen. Der meinte, wir sollten Gisela zu ihm bringen – für meine Begriffe eine Zumutung. Reiner brachte sie – eingepackt in Decken – hin. Sie bekam Medikamente und sollte am anderen Tag wieder anrufen und sagen, wie es ihr gehe. Gisela konnte in dieser Nacht – der Schmerzen wegen – nicht schlafen und am nächsten Tag kaum noch gehen. Der Arzt kam auf unseren Anruf hin ins Haus und rätselte weiter an den Symptomen herum, während es für mich doch keinen Zweifel mehr gab. Ich sprach ihn wieder darauf an, daß es mir lieber wäre, wenn Gisela in ein Krankenhaus käme. Er vertröstete mich wieder mit dem noch ausstehenden Resultat der Blutuntersuchung. Mir fiel ein, daß ich einmal gelesen hatte, wie ein junger Mann seine Leukämie mit frischem Saft von roten Rüben erfolgreich bekämpft hatte. Mit dem Hinweis, daß ihr dieser Saft bestimmt guttun würde, falls ihr Blut nicht ganz in Ordnung sei, brachte ich Gisela regelmäßig frischen Saft. Sie trank ihn allerdings nur widerwillig, obwohl ich versuchte, ihn mit Äpfeln und Orangen schmackhafter zu machen. Ihre Hände und Füße schmerzten inzwischen so sehr, daß sie ständig kochendheiße Bettflaschen verlangte. Sie legte sie auf die betroffenen Gelenke, um die Schmerzen nicht mehr so stark zu spüren.

Am Sonntagmorgen kam der Arzt wieder und sagte: „So, nun muß ich dich plagen", und gab ihr Spritzen in die entzündeten und schmerzenden Gelenke. Im Krankenhaus schüttelte man später nur den Kopf darüber. An der Haustür fing ich den Arzt ab und erklärte ihm: „Wir bestehen darauf, daß Gisela so schnell wie möglich in ein Krankenhaus kommt, wo ihr Blut dann sowieso untersucht wird." Er sagte, im nächstgelegenen Krankenhaus in Kempten sei im Moment alles hoffnungslos überfüllt. „Dann geht sie eben anderswohin", erwiderte ich, und er versprach, sich darum zu kümmern. Mittags rief er mich dann an: Gisela werde am Montag im Krankenhaus in Ottobeuren erwartet.

Am Montag holten wir beim Arzt die Einweisungspapiere, doch Gisela weigerte sich, an diesem Tag ins Krankenhaus zu gehen. „Morgen gehe ich, aber nicht heute", sagte sie, ohne dies genauer zu begründen. Mein Mann brachte sie dann am Dienstag hin. Es war Faschingsdienstag und Hermanns 47. Geburtstag.

An der Haustür zeichneten wir ihr mit Weihwasser ein Kreuz auf die Stirn. „Komm wieder gesund heim", sagte ich zu ihr, und Gisela antwortete: „Mama, das wird schon wieder."

Jeden Tag besuchte ich sie und brachte ihr immer wieder Rote-Rüben-Saft, den sie allerdings nur trank, wenn ich dabeistand. Es fiel mir aber auf, daß in ihre Wangen wieder etwas Farbe zurückkehrte und ihre Augen nicht mehr so leer wirkten. Als Hermann Gisela ins Krankenhaus brachte, sagte der Arzt, sie hätten erst kürzlich einen ähnlichen Fall gehabt, der sich dann doch als harmlos herausgestellt hatte. Für mich war das ein kleiner Hoffnungsschimmer, an den ich mich klammerte.

Gisela bekam sofort Infusionen gegen ihre Gelenkschmerzen, und es ging ihr besser. Am zweiten Tag wurde unter Vollnarkose eine Knochenmarkpunktion gemacht, die Klarheit in die Sache bringen sollte. Hoffen und Bangen war also nun die Devise.

Als ich sie am Donnerstag besuchte, sprach ich mit Dr. Fabian, dem Chefarzt. „Ja, Frau Albrecht", sagte Dr. Fabian, „es ist leider doch eine Leukämie. Wir können allerdings nicht feststellen, um welche Art es sich handelt, denn es gibt verschiedene. Wir schicken Ihre Tochter aber sowieso gleich weiter in eine Spezialklinik, dort wird dies dann festgestellt. Die Heilungschancen sind heute schon recht gut." Nun war es also heraus. Ich sagte dem Arzt nur noch, daß es uns egal sei, wohin Gisela komme, wichtig sei uns nur, daß sie in beste Hände käme. Als ich zu Gisela ins Zimmer zurückkam, wollte ich ihr schonend beibringen, daß sie in ein anderes Krankenhaus müsse, doch sie sagte: „Das weiß ich schon, und das ist bestimmt auch das Vernünftigste". Ob ihr zu diesem Zeitpunkt schon klar war, welche Krankheit sie hatte – ich weiß es nicht.

Wie ich an diesem Abend nach Hause kam, weiß ich auch nicht. Meine Gedanken begannen wieder zu kreisen, diesmal um riesige Kliniken, weite Autofahrten und auch schon um den Tod. Daheim unterrichtete ich dann meine Familie über das neueste Untersuchungsergebnis. Nun erschrak auch Hermann, und unter den größeren Geschwistern machte sich ebenfalls Betroffenheit bemerkbar, als ich ihnen erklärte, was die Diagnose „Leukämie" bedeutete.

Als mein Mann dann am Sonntag Gisela besuchte, fragte er die Stationsschwester, ob Gisela vor der Verlegung in eine andere Klinik seelsorglich betreut werden könnte.

Es kam dann ein Pater vom benachbarten Kloster zu ihr. Der wußte allerdings nichts Besseres zu sagen als: daß sie sich nicht so viel daraus machen sollte, sein Bruder sei auch schon jung gestorben. Welch ein Trost für einen jungen Menschen, der doch an der Schwelle zum Leben steht. Er nahm ihr auch die Beichte ab, die sie, wie sie sagte, in keiner Weise befriedigte. Als er Gisela fragte, ob sie auch noch die „letzte Ölung" haben möchte, sagte sie: „Nein danke! Ich habe vor, zu leben und nicht zu sterben."

Ein großes Stück Hoffnung im Gepäck

Am Samstag fiel die Entscheidung, und am Montag ging es in aller Herrgottsfrühe los. Gisela sollte bereits um 8 Uhr in der Universitätsklinik Ulm sein. Ich versprach, am Samstagabend noch einmal zu kommen, um ihr frische Wäsche zu bringen. Es mußte überlegter eingepackt werden, denn in der entfernten Spezialklinik konnte ich Gisela nicht mehr jeden Tag besuchen. Dr. Fabian hatte zuerst von München gesprochen, hat aber dann in unserem Interesse, wie er sagte, versucht, sie nach Ulm zu bringen. Dafür war ich ihm später noch oft dankbar. In Giselas Tasche packte ich dann auch ein großes Stück Hoffnung mit ein, denn nun mußte ich sie ausliefern – den Ärzten – dem Schicksal – dem Willen Gottes. Jetzt war ich an einem Punkt angekommen, wo ich nichts mehr tun konnte für mein Kind, als es zu begleiten im Gebet. Mit dieser Tatsache mußte ich fertig werden. Obwohl ich mir der Diagnose eigentlich schon vorher sicher gewesen war, war dieser Zustand der Endgültigkeit doch ein anderer.

Wir verabschiedeten uns. Gisela wünschte ich alles Gute für die Fahrt – sie wurde in einem Sanitätswagen in die Klinik gebracht – und einen guten Beginn im Kampf gegen diese mörderische Krankheit. Sie versprach, sobald wie möglich anzurufen.

Ihre Zimmerkollegin sagte tröstend: „Gisela schafft das schon, sie ist so ein liebes Mädel." Frau K. hatte einen Tumor an der Wirbelsäule und war querschnittgelähmt. Sie hatte ständig große Schmerzen, und Gisela versuchte ihr Los zu lindern, wo sie konnte. Gegen Abend rief Gisela dann an und gab mir die genaue Adresse: Haus, Stockwerk, Zimmer, Telefonnummer. Außerdem erklärte sie mir den Weg zur Klinik. Das Personal machte übrigens einen sehr guten Eindruck, sagte sie. Man habe neben einer Reihe von Untersuchungen auch schon eine Knochenmarkpunktion gemacht, jedoch nur unter örtlicher Betäubung und aus dem Beckenknochen und nicht aus dem Brustbein wie zuvor.

Dr. Bayer, der ihre Personalien aufnahm, habe übrigens fast einen Luftsprung gemacht, als er sie nach ihren Geschwistern gefragt habe. Eines nach dem anderen habe sie mit Namen und Alter aufgezählt. „Das ist ja toll, das ist ja ganz toll", habe Dr. Bayer immer wieder gesagt. Als sie ihn gefragt habe, warum denn das so „toll" sei, habe er ihr erklärt, daß vielleicht eine Knochenmarktransplantation notwendig sei. Dies klappe aber nur von Geschwister zu Geschwister und da passe auch nicht jedes, weil das fremde Knochenmark genau mit ihrem übereinstimmen müsse. Aber bei acht Geschwistern könne ja gar nichts mehr schiefgehen. Ich freute mich, war es doch auch einmal ein Vorteil, viele Kinder zu haben. Das konnte Giselas einzige Überlebenschance werden.

In den nächsten Tagen begann ich dann meine Freundinnen und Bekannten anzurufen, um sie um ihr Gebet zu bitten. Alle waren sehr betroffen. In diesen Tagen reagierte ich gereizt und empfindlich meiner Familie gegenüber. Sorge, Angst und Hilflosigkeit waren wohl die Gründe dafür. Außerdem mußte ich noch den Einkehrtag für die Frauen vorbereiten, der am Samstag dieser Woche in der „Wies" stattfand. Manchmal hatte ich das Gefühl, das alles gar nicht mehr zu schaffen. Meine Gedanken waren nicht beim Einkehrtag, sondern ganz woanders.

Ich rief Kurat Kirchmaier in der „Wies" an und fragte ihn, ob er für den Gottesdienst bei unserem Einkehrtag schon ein bestimmtes Anliegen habe, und ich erzählte ihm von meiner großen Sorge. „Das können wir selbstverständlich machen", sagte er. „Für dieses Mädchen müssen wir fest beten."

Am Donnerstag fuhren wir dann das erste Mal nach Ulm. Die Fahrt ging durch eine verschneite Landschaft, die Autobahn aber war geräumt. Wir hatten uns unter einer Universitätsklinik ein modernes Gebäude vorgestellt, doch es ist ein alter, grauer Bau, an den mehrere Häuser verschiedenster Bauart angegliedert sind. Unterhalb von Haus 3, das an einem schönen Hang lag und in dem Gisela untergebracht war, lag ein großer Parkplatz. Auch das Innere der Klinik machte auf mich einen alten, eher primitiven Eindruck. Gisela erzählte uns von den Untersuchungen, die man schon durchgeführt hatte, und daß sich die Ärzte wunderten, daß ihre Leukozyten nicht schon höher waren, entsprechend dem übrigen Krankheitsbild. Das hatte sicher der Roterübensaft bewirkt.

Am Vormittag wurde ihr ein Zentral-Herzkatheter, genannt „Hickman", mit örtlicher Betäubung und unter dem Röntgenschirm eingesetzt. Das war ein dünner Schlauch, der durch eine Vene bis in die Herzkammer geführt wurde und außerhalb des Körpers mit einem Anschluß- und Verteilerstück endete. Während unseres Besuches erschien Dr. Bayer mit dem Behandlungsplan und erklärte Gisela und uns den ganzen Verlauf der Behandlung. Sie werde voraussichtlich bis September dauern. Nach unseren Begriffen eine schrecklich lange Zeit.

„Mädchen", sagte Dr. Bayer, „noch vor einem Jahr hättest du keine Chance gehabt." Die Diagnose lautete: Akute myelo-monozytäre Leukämie, abgekürzt: AMML. Das ist die schlechteste Art, die man haben kann. Punkt 16.00 Uhr begann die erste Chemotherapie, und Gisela sollte den ganzen Verlauf beobachten und kontrollieren, ob auch alles nach Plan verlief. Später sagte man ihr einmal, daß sie zur Mitkontrolle aufgefordert wurde, um ihre so wichtige Mitarbeit anzuregen. Sie wurde vorgewarnt, daß sie wahrscheinlich während dieser Therapie erbrechen müsse und daß die erste Therapie die gefährlichste sei, weil dabei die Blutwerte sehr rasch abgesenkt würden. Das bedeutete, daß die Gefahr innerer Blutungen sehr groß sei und diese dann kaum zum Stillstand gebracht werden könnten. Das klang nicht gerade verheißungsvoll. Gisela war von der Operation am Vormittag noch sehr müde. Wir verabschiedeten uns bald wieder, in der Hoffnung, daß alles gutgehen werde.

Zwei Tage später war dann der besagte Einkehrtag. Von den Leuten im Dorf wußte noch fast niemand etwas. Nur das Gerücht ging um, daß Gisela schwanger sei, weil sie so schlecht aussehe. Schließlich war sie, eine Woche bevor sie ins Krankenhaus kam, mit Reiner noch auf dem Landjugend- und Bürgerball gewesen und hatte durchs Mikrophon Witze erzählt, obwohl sie schon so müde und blaß war. Böse Zungen behaupteten sogar, wir hätten Gisela – als sie ins Krankenhaus mußte – fortgebracht, damit man in Probstried nicht erfahren sollte, daß sie schwanger sei.

Zwei Frauen und ich hatten für den Einkehrtag einige Musikstücke eingeübt. Während wir sie noch einmal übten, besichtigte Kurat Kirchmaier mit den anderen Frauen die Wieskirche. Dort, beim gegeißelten Heiland, betete er mit ihnen für unsere schwerkranke Gisela. Eine von ihnen erzählte mir dann, ihr sei zumute gewesen, als hätte sie ein Blitz gestreift. Alle kamen sehr betroffen zurück. Während des Gottesdienstes wurde Gisela noch einmal erwähnt. Ich saß an meinem Hackbrett und konnte kaum noch spielen. Die Saiten sah ich nur noch verschwommen, und mein Herz hämmerte. Aber es half nichts, ich mußte durchhalten. Am Ende des Gottesdienstes hätte ich mich am liebsten in eine einsame Ecke verkrochen, um allein zu sein, aber dieser Tag mußte noch bis zum Ende durchgezogen werden, wie schwer es auch war. Das ehrliche Mitgefühl und die Anteilnahme der Frauen haben mir dabei geholfen.

Gisela und ich telefonierten täglich miteinander. Schon nach einigen Tagen bekam sie Darmblutungen. Wir erschraken sehr. Sollte denn jetzt schon alles zu Ende sein? Durch höchste Dosen Antibiotika kamen die Blutungen rasch wieder zum Stillstand. Das fehlende Blut, besser gesagt die fehlenden Blutbestandteile, wurden immer wieder durch Blutkonserven ersetzt.

Gisela hatte die Blutgruppe A II negativ, eine relativ seltene Blutgruppe, so daß es manchmal länger dauerte, bis sie das Blut bekam, weil es die Blutbank nicht vorrätig hatte. Der Arzt sagte aber zu ihr: „Du brauchst dir deswegen aber keine Sorgen zu machen, Blut wird aus der ganzen Welt eingeflogen."

Als wir Gisela das zweite Mal besuchten, war ihr furchtbar übel. Einen ganzen Stoß Spuckschalen hatte sie am Bett. Es war schlimm anzusehen, wie sie gegen einen ständigen Brechreiz ankämpfte. In den Tagen danach klappte dann ich zusammen. Ich bekam Herzschmerzen und litt unter Atemnot. Hermann bestand darauf, daß ich zum Arzt ging. Dieser stellte fest – was mir eigentlich schon klar war –, daß meine Beschwerden nervlich bedingt waren. Er wußte von Giselas Krankheit. Als ich ihm erzählte, daß Gisela bereits in der Uniklinik liege und die Diagnose „Leukämie" nun endgültig sei, legte er tröstend seine Hand auf meine Schulter und sagte nur: „Mein Gott, Frau Albrecht!" Er gab mir Beruhigungstabletten, die ich dann allerdings nicht vertrug. Meine Beschwerden legten sich rasch wieder von selber.

Beim nächsten Besuch lief mir im Flur vor dem Krankenzimmer Dr. Adam über den Weg, und ich bat ihn um ein Gespräch. Er erklärte mir Giselas Art von Leukämie und die Behandlungsmöglichkeiten. Gisela habe aufgrund ihrer vielen Geschwister gute Chancen. Sie sei auch in einem relativ guten Zustand in die Klinik gekommen. Dann fragte er mich, wie das ganze angefangen habe. Als ich ihm dann sagte, daß ich als erste den Verdacht gehabt hatte, es könnte diese Krankheit sein, fragte er mich, was ich denn von Beruf sei. „Nur eine Bäuerin", sagte ich, „aber auch nicht ganz dumm." Er meinte, mein Verdacht sei bestimmt nur Zufall gewesen, aber es sei gut gewesen, auf eine rasche Einlieferung ins Krankenhaus gedrängt zu haben, denn zwei bis drei Wochen später wäre es für Gisela zu spät gewesen. Die akute Leukämie führe in einem Zeitraum von etwa vier Wochen bis vier Monaten zum Tod, wenn nichts unternommen werde. „Wenn Sie das immer so machen, kann bei Ihnen nicht viel schiefgehen", sagte er.

Eine der schlimmsten Nächte meines Lebens

Als ich nach diesem Gespräch zu Gisela ins Zimmer zurückkam, fragte mich Hermann, wo ich denn so lange gesteckt habe. Ich hatte eigentlich nur schnell zur Toilette gehen wollen. Einen Arzt habe ich getroffen und mit ihm reden können, sagte ich. Daraufhin bekam Gisela einen Wutanfall. „Das hab' ich mir doch gedacht! Dieser Schuft hat überhaupt kein Recht, dir etwas ohne meine Zustimmung zu sagen. Genausowenig Recht wie Dr. Fabian damals. Wofür bin ich denn volljährig? Er hätte mich zuerst fragen müssen, ob er auch was sagen darf." Ich erschrak und erwiderte, es sei doch ganz natürlich, daß man sich als Mutter erkundige und daß sie, wenn sie einmal Kinder habe, dies bestimmt auch tun werde. „Trotzdem haben die kein Recht", schimpfte sie zurück. In diesem Moment war sie wieder ganz „Gisela". So hatten wir sie in der Zeit vor Beginn der Krankheit häufig erlebt – provozierend, immer in Opposition. Eine vernünftige Unterhaltung war an diesem Tag nicht mehr möglich, und ich hatte auch kein Interesse mehr daran. Außerdem hatten wir Anita und Regina dabei, denen schon langweilig wurde. Während der Heimfahrt redete ich kaum. In mir war eine Mischung aus Sorge, Wut und Betroffenheit.

Abends konnte ich nicht einschlafen. Um Mitternacht ging ich in die Küche, um meine Beruhigungstropfen zu holen. Ich setzte mich hin und versuchte, meine Gedanken zu ordnen. Plötzlich brach es aus mir heraus – ich weinte lange und bitterlich. In meinem Inneren war ein Schmerz, den ich nicht beschreiben kann. War es Enttäuschung, Verbitterung, Verzweiflung – oder alles zusammen. Ich weiß es nicht. In dieser Nacht faßte ich den Entschluß, mich nie mehr nach Giselas Befinden zu erkundigen. Und ich habe mich lange, sehr lange daran gehalten. Da hatte ich sie schon einem ungewissen Schicksal ausliefern müssen, und nun lehnte sie auch noch meine mütterliche Sorge ab. Ich hatte das Gefühl, sie verloren zu haben. Diese Nacht war eine der schlimmsten meines Lebens.

Am darauffolgenden Tag rief ich Gisela bewußt nicht an, sondern setzte mich mit ihrem Arzt in Verbindung. Dr. Adam, mit dem ich gesprochen hatte, war selbst am Apparat. Ich erzählte ihm, wie Gisela reagiert hatte, und bat ihn, doch einmal mit Gisela zu reden. „Juristisch gesehen, hat sie ja recht", sagte er, „aber bei einer normalen Eltern-Kind-Beziehung – die habe ich bei euch eigentlich angenommen – ist es üblich, daß Eltern fragen und Ärzte

antworten. Aber ich werde versuchen, mit ihr zu reden."
Ob dieses Gespräch stattfand, habe ich nie erfahren.

Tags darauf war sie es, die anrief. In irgendeinem Zusammenhang erwähnte sie, daß sie eigentlich schon am Vortag mit meinem Anruf gerechnet habe. Für mich war dies das Stichwort, und ich sagte, daß ich, wenn ich schon nicht das Recht habe, mich nach ihr zu erkundigen, es auch nicht für notwendig hielte, täglich anzurufen und wöchentlich in die Klinik zu fahren. Ich habe mir so große Sorgen um sie gemacht, daß ich selbst zum Arzt gegangen sei und mir deshalb ihre Abfuhr sehr weh getan habe. Darauf sagte Gisela mit belegter Stimme nur: „Ach, Mama!"

Heute weiß ich, daß es sicher ihre eigene Angst, Verzweiflung und Hilflosigkeit waren, die sie in diese Aggressivität getrieben haben, und daß ich meine Tochter durch dieses Ereignis nicht verloren, sondern gefunden habe. Giselas Arbeitskollegin erzählte mir später, daß Gisela sich furchtbar aufgeregt habe darüber, daß uns die Ärzte alles gesagt haben. Sie hätte doch verhindern wollen, daß wir sofort erfahren, welche schlimme Krankheit sie habe. Wir hätten ohnehin schon Sorgen genug. Nach diesem Anruf haben Gisela und ich das Thema mit keinem Wort mehr erwähnt.

„Schnief" hat nun ein rotes Ohr

Das nächste Mal fuhr ich dann allein nach Ulm. Nun war uns der Weg durch die Stadt schon vertraut, und Hermann und ich wollten uns in Zukunft abwechseln. Wir sprachen uns auch mit ihrem Freund ab. Er besuchte Gisela jeden Sonntag und einmal während der Woche. Er arbeitet in der Lebensmittelbranche und hat deshalb einen freien Wochentag. So klappte auch der Transport von Wäsche und vor allem, was sie sonst noch brauchte oder wollte, sehr gut. An Ostern des Vorjahres hatte Gisela von Reiner einen

23

schönen, großen Plüschhasen geschenkt bekommen. Sie nannte ihn „Schnief". „Schnief" wurde zu ihrem ständigen Begleiter, vom ersten Tag ihrer Krankheit an bis ins Grab. Zu jeder Untersuchung und Behandlung, vor allem, wenn es unangenehme waren, nahm sie ihn mit.

In diesem Zusammenhang erzählte sie mir folgende kleine Geschichte: „Als der Arzt zu mir kam und sagte, daß er nun Nervenwasser aus meiner Wirbelsäule entnehmen müsse, dachte ich, daß dies bestimmt sehr weh tun würde. Ich setzte mich ans Bett – nach vorn gebeugt – wie man mir befohlen hatte. ‚Schniefs‘ Ohr nahm ich zwischen die Zähne, um zubeißen zu können, wenn es sehr weh tun würde. Doch so ein Mist! Es hat überhaupt nicht weh getan, aber mein ‚Schnief‘ hat nun ein rotes Ohr." Ein rotes Ohr hatte er deshalb, weil Gisela ihren Mund ständig mit einem roten, scheußlich schmeckenden Saft ausspülen und dieses Zeug auch noch schlucken mußte, um dem sehr gefährlichen „Pilz" vorzubeugen. Dieser kann bis in die Lunge kommen und führt dann meistens zum Tode. Aufgrund des sehr geschwächten Abwehrsystems während einer Zytostatika-Behandlung können sich die Pilzbakterien, die auch jeder gesunde Mensch in geringen Mengen im Mund hat, stark ausbreiten.

Inzwischen war auch schon der Friseur gekommen, um ihr eine Perücke anzumessen und aussuchen zu lassen, denn schon während der ersten Chemotherapie begannen die Haare auszugehen. „Meine schönen Haare", sagte sie, während sie sich immer wieder mit der Hand über den Kopf strich und jedesmal ein Büschelchen Haare in den Fingern hatte. „Aber sie wachsen ja wieder nach, und die Schwestern sagen, sogar schöner." So versuchte sie sich wahrscheinlich selbst zu trösten und auch uns. „Weißt du, was ich jetzt machen sollte? Ich sollte zum Friseur gehen, um mir die Haare waschen und legen zu lassen. Was glaubst du, wie dumm die schauen würden, wenn mir die ganzen Haare ausgingen. Dann würde ich sagen: ‚Um Gottes willen! Was haben Sie mit meinen Haaren gemacht?' Das wäre doch lustig, oder nicht?" Das war wieder einmal typisch Gisela.

Es war schon eigenartig, wenn man im Gang immer wieder Patienten mit kahlen Köpfen begegnete. Wir gewöhnten uns allerdings rasch an diesen Anblick. Die Frauen und Mädchen banden sich meist recht geschickt große Tücher um ihren Kopf und sahen sogar recht hübsch darin aus. Alle übernahmen diese Technik voneinander. Auf ihrer Station hatte sich Gisela inzwischen recht gut eingelebt. „Das Personal hier ist einfach super", schwärmte sie und nannte Namen, wie Schwester Julia, Sabine, Astrid, Maria, dann die Pfleger Michael und Wolfgang und Udo, den Ersatzdienstleistenden. Das Ärzteteam Bayer – Adam sei ganz einfach *das* Team. Dr. Bayer väterlich und tröstend – Dr. Adam aufmunternd und immer zu Späßen aufgelegt. Man spürte es – Patienten und Pflegepersonal mochten sich gegenseitig. Nur das Essen wollte ihr schon bald nicht mehr schmecken. „Jeden Tag stinkt es gleich aus diesen Plastikkästen", schimpfte sie und bat mich, Nudeln, Suppen, Eier und dergleichen mitzubringen. Auf der Station gab es eine Küche, da durften sich die Patienten selbst etwas kochen. Ganze Menüs stellten sie zusammen und luden sich dann gegenseitig zum Essen ein. Am Sonntag schickte ich Reiner meistens ein komplettes Essen und Kuchen mit. „Aus Mamas Küche schmeckt es halt doch am besten", sagte sie immer wieder.

Vom Weinen wird niemand gesund

Ungefähr vier Wochen nach unserer Gisela kam eine Frau Hoffmann auf die Station. Sie war 38 Jahre alt, hatte drei Buben und einen schwerhörigen Mann. Die Schwestern erzählten Gisela, daß Frau Hoffmann sehr depressiv sei und ständig weine. Man könne überhaupt nichts mit ihr anfangen. „Du wirst sehen", sagte Gisela, als sie mir das erzählte,

„die stecken mich zu der ins Zimmer". Wirklich – zwei Tage später rief sie mich an. „Ich hab' es doch gewußt. Heute bin ich auf 101 bei Frau Hoffmann gelandet, aber das krieg' ich schon hin. Gleich, als ich zu ihr ins Zimmer kam, sagte der Arzt zu ihr: ‚Frau Hoffmann, nehmen Sie sich ein Beispiel an unserer Gisela. Die hat die viel schlimmere Art von Leukämie und ist immer lustig. Vom Weinen wird niemand gesund.'" Es dauerte nicht lange, und auch Frau Hoffmann lachte.

Gisela hatte sich sofort mit ihrem Schicksal abgefunden. Sie sagte immer: „Das hier ist meine einzige Chance, da muß ich einfach durch. Mit Kopfhängenlassen mache ich mir nur das Leben schwer." Durch ihren Humor und ihren Lebenswillen war sie in der Klinik schon bald über ihre Station hinaus bekannt. Sie bekam viel Besuch von Landjugendmitgliedern, von Kolleginnen aus dem Kindergarten, auch Mitglieder des Elternbeirates und viele andere aus ihrem großen Bekannten- und Freundeskreis kamen. Alle glaubten sie, eine am Boden zerstörte Gisela vorzufinden. Doch weit gefehlt. Gisela war immer zu Späßen aufgelegt, und jeder Situation konnte sie etwas Lustiges abgewinnen. Sie lag in einem Dreibettzimmer. Ihr Bett stand in der Ecke, und sie fand es herrlich, wenn Besucher zu ihr kamen, zur Tür hereinschauten und sagten: „Die liegt ja gar nicht hier." – „Hallo! Hier bin ich", kam es dann aus der Ecke. Diese Ecke gehörte ihr ganz allein. Sie hatte sie auch dementsprechend wohnlich eingerichtet. Eine gewisse Leidenschaft, alle kleinen Dinge zu sammeln und aufzubewahren oder auch aufzuhängen, schien ihr schon angeboren zu sein. „Das hat alles seine Bedeutung für mich, das kann ich doch nicht einfach wegwerfen", sagte sie, wenn ich sie auf ihren „Verhau" ansprach. Die Schwestern drohten ihr einige Male, alles in einen Müllsack verschwinden zu lassen, drückten dann aber doch beide Augen zu. Gisela bat mich, ihr das große Poster mit dem Sonnenuntergang aus ihrem Zimmer mitzubringen. Nur über dem Kleiderschrank war ein geeigneter Platz dafür. Also kletterte sie auf den Schrank, um das Bild anzubringen. Als sie gerade oben saß, kam Dr. Bayer, um ihr etwas zu sagen. Er schaute kurz um die Ecke. „Ach, sie ist ja gar nicht da", sagte er und wollte auch schon wieder verschwinden, als ihm Gisela nachrief: „Hey, hallo, hier bin ich!" Dr. Bayer lachte nur und meinte, daß er seine Patienten noch nie auf den Schränken gesucht habe. Eines Abends rief mich eine mir unbekannte Frau Stamm aus Ulm an. Sie habe gerade ihre Cousine aus Probstried zu Besuch, die ihr erzählt habe, daß unsere Tochter in der Uniklinik liege. Sie wollten sie gerne besuchen, möchte uns aber erst fragen, ob uns dies auch recht sei. Natürlich durften sie Gisela besuchen. Es blieb auch nicht bei dem einen Mal. Solange Gisela in Ulm war, tauchte Frau Stamm immer wieder einmal auf und hatte immer eine kleine Aufmerksamkeit dabei. Gisela sagte einmal: „Frau Stamm ist ein netter Besuch. Sie kommt zu den unterschiedlichsten Tageszeiten, sorgt sich ehrlich um mich und bleibt nie zu lange."

„Heute abend darf ich heim!"

Inzwischen zeigten sich die ersten Vorboten des Frühlings. Gisela genoß jede Stunde, die sie im Freien sein konnte. Im Park beobachtete sie jeden Strauch und wußte genau, welche Blume am Vortag noch nicht dagewesen war. Meistens war sie mit ihrem fahrbaren Infusionsständer unterwegs. Wenn sie Besuch hatte, ließ sie sich meistens „abstöpseln", um ungestört ins Freie, zum Eisessen oder zum Kaffeetrinken gehen zu können. Die Zeit war dann allerdings begrenzt, aber sie hielt sich sehr genau daran. Mit Reiner machte sie sogar manchmal einen Stadtbummel oder kleine Ausflüge in die nähere Umgebung. Sie hatte kaum Beschwerden und fühlte sich relativ wohl. Die Schwestern und Ärzte wunderten sich immer wieder, wie sie eine Therapie nach der anderen einfach wegsteckte. Sicher war das ihrer positiven Einstellung zuzuschreiben. Dieser Meinung waren auch die Ärzte. Ihre Haare wurden immer spärlicher, doch dauerte es lange, bis alle ausgegangen waren, denn sie hatte sehr dichtes Haar. Mit Frau Hoffmann schloß Gisela eine Wette ab. Wer zuerst eine Glatze hatte, sollte einen Eisbecher bekommen. „Diese Wette verliere ich noch, obwohl ich schon vier Wochen länger da bin", sagte sie einmal.

Der Vormittag war immer mit Untersuchungen, Blutabnahme, Reinigen des Herzkatheters – was sie selbst machte –, Visite usw. ausgefüllt. Immer wieder mußte sie eine Knochenmarkpunktion über sich ergehen lassen. Wenn sie die Stelle nicht genau trafen, war das sehr schmerzhaft. Nach ihren Blutwerten erkundigte sie sich täglich, und sie konnte es nicht begreifen, daß Frau Hoffmann diese gar nicht interessierten, wo doch die Krankheit mit den Blutwerten steht und fällt. Gisela war über den momentanen Verlauf immer genau informiert und warf mit Fachausdrücken nur so um sich.

Die erste Therapie war zu Ende, und nun mußten die Blutwerte steigen. Wie lange das dauerte, blieb abzuwarten. Ostern rückte näher, und wenn es bis dahin zu verantworten war, durfte sie eventuell über die Feiertage heim. Die Blutwerte mußten allerdings erst eine bestimmte Höhe erreichen. Noch war alles in Frage gestellt. Gisela konnte kaum die täglichen Ergebnisse abwarten. Die Karwoche hatte bereits begonnen, doch die Werte ließen auf sich warten. Am Gründonnerstag brachte ich ihr also einen kleinen Osterstrauß mit Palmkätzchen und Zweigen aus unserem Garten und ein hübsches Osternestchen mit bunten Eiern, Süßigkeiten und gebastelten Wattehäschen mit. Sie freute sich sehr darüber und lief gleich von Zimmer zu Zimmer, um es den anderen Patienten zu zeigen. „Nun muß ich mich wohl damit abfinden, daß es mit Ostern zu Hause vorbei ist", sagte sie ein wenig betrübt.

Am Karfreitag, Karsamstag und Ostern wollte Reiner sie besuchen. Doch am Samstag rief mich Gisela ganz aufgeregt an: „Stell dir vor, Mama – ich darf heute abend doch heim. Reiner habe ich schon verständigt, daß er mich holt." Die Freude war auf allen Seiten natürlich groß. Am Abend war Osternachtfeier, doch ich blieb zu Hause. Sie sollte kein leeres Haus vorfinden, wenn sie kam. Sie bekam noch Blutkonserven, damit sie über die Feiertage außer Gefahr war. Darum wurde es ziemlich spät, bis sie kamen. Doch kaum war Gisela zu Hause, zog sie sich mit Reiner in ihr Zimmer zurück. Darüber war ich ein bißchen enttäuscht, denn diesen Abend hatte ich mir ein wenig anders vorgestellt. Aber es war dennoch irgendwie Ostern für mich – nicht nur im Kalender. Am Ostermorgen ging es dann rund. Es war ein ständiges Fragen und Erzählen. Anita und Regina konnten sich gar nicht nahe genug zu ihr setzen. Dann tauchte die Frage auf, ob Gisela nun mit zur Kirche gehen solle oder nicht. Sie kämpfte buchstäblich mit sich selbst. „Soll ich? Oder soll ich nicht? Einerseits möchte ich gerne, andererseits komme ich mir vor wie ein Ausstellungsstück." Sie machte sich fertig, sagte aber immer wieder: „Soll ich nun – oder soll ich nicht?" Ich gab ihr dann den Rat, wenn sie über die Feiertage ausgehen wolle, dann solle sie jetzt auch zur Kirche gehen. Wenn nicht, dann könne sie auch jetzt zu Hause bleiben. Gisela gab sich einen Stoß und ging mit. Schick hatte sie sich angezogen, und ihre Perücke war so naturgetreu, daß niemand auf den Gedanken gekommen wäre, es könnten nicht ihre eigenen Haare sein. Sie stand in ihrer gewohnten Bank, und wenn man es nicht gewußt hätte – man hätte nie geglaubt, daß sie noch am Abend zuvor in der Klinik gewesen war. Nach dem Gottesdienst war sie umringt von den jungen Leuten aus der Landjugend, und alle freuten sich mit ihr. Gisela genoß es, wieder in ihrer Familie zu sein. Auch Reiner war froh, einmal nicht in die Klinik fahren zu müssen. Am Abend gingen sie dann miteinander tanzen, so als wäre es nie anders gewesen. Mir

wäre es an diesem Abend lieber gewesen, sie im Krankenhaus zu wissen. Ich machte mir Sorgen um sie, so frisch aus
dem Krankenhaus mit Herzkatheter, mit noch relativ nie-
deren Blutwerten usw. Aber: „Mach dir keine Sorgen, mir
passiert schon nichts", sagte sie und stieg beschwingt zu
Reiner ins Auto. Am Ostermontag besuchte sie ihre Großeltern. Selbstverständlich setzte sich Gisela selbst ans Steuer.
Viel zu schnell waren diese zwei Tage vergangen. Am nächsten Morgen hieß es wieder ab in die Klinik nach Ulm.

Sie erzählte natürlich gleich, wie schön es zu Hause gewesen und daß sie sogar tanzen gegangen sei. „Das sieht dir
ähnlich", sagte der Arzt. „Stell dir vor, es hätte dir jemand
auf den Fuß getreten, dann hättest du jetzt einen total
blauen Fuß." – „Es ist mir aber niemand draufgetreten, und
grad herrlich war es", sagte sie. Die Fahrten in die Klinik waren für mich inzwischen schon zur Routine geworden. Jede
Woche hatte ich mich bis dahin auf den Weg gemacht.

Wiedergewonnene Freiheit

Am 7. Mai – ihrem Namenstag – war es dann soweit. Die
erste Therapiepause begann, und Gisela durfte bis zum
7. Juni heim. Wir waren froh, während der Heuernte nicht
wöchentlich den Weg in die Klinik fahren zu müssen. Während der vier Wochen, die Gisela daheim war, führte sie ein
fast normales Leben. Nur das Einnehmen von Medikamenten und das tägliche Spülen des Herzkatheters, bei dem ihre
kleinen Schwestern gern halfen oder zuschauten, und ihr
haarloser Kopf erinnerten an ihre Krankheit. Sie half mir
gelegentlich im Haushalt und genoß im übrigen ihre wie-
dergewonnene – jedoch nur vorübergehende – Freiheit.

Gisela hatte sich entschlossen, wieder zu unserem Hausarzt zu gehen, und wurde von diesem in der Therapiepause
versorgt. Gleich in den ersten Tagen fuhr sie in Begleitung
von Reiner in die Stadt, um sich neue Kleider zu kaufen.

Ein zitronengelbes Kostüm und noch andere hübsche Dinge brachte sie mit. Gisela hatte erfahren, daß Frau K., die damals in Ottobeuren bei ihr im Zimmer gelegen hatte, nun verlegt worden sei und daß es ihr nicht gut gehe. Von Ulm aus hatte Gisela ihr schon eine hübsche selbstbemalte Schnabeltasse geschickt. Denn Frau K. konnte sich nicht aufrichten und mußte die Schwestern jedesmal um ihre Tasse bitten, weil sie immer vergessen wurde. Mit Reiner wollte sie gleich am Sonntag Frau K. besuchen, doch schon bald kamen sie wieder. „Arme Frau K.", sagte Gisela, als sie wieder kam, „sie hat gerade ihre letzten Atemzüge gemacht." Gisela war sehr betroffen.

Kurz bevor die Therapiepause zu Ende ging – es war der 4. Juni –, war Gisela wieder einmal den ganzen Tag unterwegs gewesen, als sie mir um die Hausecke zurief: „Mama, ich fahre schnell zu Lisa." Das war die ältere Schwester. Etwas verärgert ging ich zum Auto und sagte zu ihr: „Mußt du denn den ganzen Tag auf Achse sein?" – „Ich muß schnell zu Lisa, Thomas beim Ausziehen helfen." – „Was heißt da ausziehen?" „Thomas zieht aus – zu einer anderen Frau." – „So", sagte ich, „jetzt hat sie es, aber auf uns hat sie nicht gehört." – „Mama, Lisa braucht jetzt Hilfe und keine Vorwürfe", sagte Gisela und fuhr los. Auch das noch! Nun hatte uns Giselas Krankheit schon Sorgen genug gemacht, jetzt schien auch noch die Ehe unserer „Großen" in die Brüche zu gehen. Wir hatten sie so gewarnt und hatten versucht, diese Ehe zu verhindern. Doch umsonst. Sie war bei uns ausgezogen und ihre eigenen Wege gegangen. Nun hieß es also: „Wer nicht hören will, muß fühlen."

Gisela fuhr noch einige Male zu Lisa, bis sie dann am 7. Juni wieder nach Ulm zur nächsten Therapie mußte. Mit neuer Energie und dem gewohnten Optimismus nahm sie also den Kampf wieder auf. Knochenmarkpunktion und all die üblichen Untersuchungen waren wieder fällig, ehe die Therapie begann, die Dr. Bayer zu Beginn „pures Gift" nannte. „Aber es gibt nichts anderes – noch nicht", sagte er. Wenn man sah, wie viele Flaschen von diesem „Gift" Tag für Tag am Infusionsständer hingen, dann fragte man sich: Wie kann dies ein Mensch aushalten? Ich machte mich also wieder wöchentlich auf den Weg. Manchmal fuhren Bekannte, Nachbarn oder Geschwister mit. Hermann fuhr eigentlich wenig zu ihr und nur dann, wenn ich einmal nicht wollte oder konnte. Krankenbesuche waren noch nie sein Fall gewesen. Ende Juni mußten wir dann alle in die Klinik zur Blutuntersuchung, damit der Knochenmarkspender bestimmt werden konnte. Wir fuhren mit zwei Autos zum Krankenhaus und wurden von dort mit Taxis zur Blutzentrale gefahren. Von jedem von uns wurden sieben Spritzen Blut aufgezogen. Für Anita und Regina war das alles sehr aufregend. Wir waren gespannt, wer der „Glückliche" sein würde. Es waren nun auch schon einige Patienten, die Gisela kannte, gestorben. Nierenversagen während der Therapie, Ersticken wegen Pilz im Hals oder Lunge und verschiedenste andere Ursachen hatten bei ihnen zum Tode geführt. Bei den ersten war sie erschüttert. Später erzählte sie es mir dann immer so, wie sie auch andere Dinge erzählte – irgendwie selbstverständlich. Gisela hatte begonnen, mit dem Tod zu leben. Er wohnte mit diesen Patienten Tür an Tür. Trotzdem waren es immer heitere Stunden, die ich mit ihr in der Klinik verbrachte. Ihr ging es, im Gegensatz zu vielen anderen Patienten, recht gut. Wie ein Kind sprang sie oft hüpfend die Treppen hinauf und hinunter. Begegnete ihr jemand, grüßte sie lachend und fand immer ein paar passende Worte. Sie war immer unterwegs, im Gang, in anderen Zimmern oder bei Schwestern und Pflegern, die sie alle „Gisi" nannten. Wo Gisela auch war – sie hinterließ immer ein Lachen.

Einen Mitschüler aus der Parallelklasse der Volksschule traf sie im Krankenhaus wieder. Auch er hatte Leukämie. Er orientierte sich ganz an ihr. Sein Motto war: „Ich mache alles so wie Gisela, dann schaff' ich es." Eines Tages rief Gisela dann an, daß sie nicht nur einen, sondern gleich drei Knochenmarkspender habe. Matthias, Norbert und Manfred könnten sich darum streiten. „Eigentlich müßte es ja Manfred machen, denn ich habe ihm auch schon das Leben gerettet. Jetzt könnte er sich revanchieren", meinte Gisela lachend. Gisela hatte Manfred, als sie noch ein kleines Mädchen war, aus einer Güllegrube gezogen, ohne die Gefahr zu ahnen, in die sie sich dabei selbst begeben hatte. Die ganze Behandlung wurde nun auf eine Transplantation eingestellt. Dazu mußte sie auf jeden Fall in Vollremission sein. Das heißt: frei von Leukämie.

Wochen der Erholung

Am 15. Juli war es soweit. Sie durfte bis 12. August Pause machen. In dieser Zeit sollte sie sich noch einmal richtig erholen vor der Transplantation, die im August geplant war. Wir freuten uns, daß nun bald alles überstanden sein würde. Die Ärzte hatten sich nun doch für Matthias als Spender entschieden, weil bei ihm alles genau mit Gisela übereinstimmte. Er war stolz, der „Auserwählte" zu sein. Gisela sagte: „Matthias tut es bestimmt gut." Sein Selbstbewußtsein war nicht sehr ausgeprägt, und er zog unter den Geschwistern nicht selten den kürzeren.

Die Wochen der Erholung genoß Gisela wieder in jeder Hinsicht. Die Dorfbewohner bewunderten sie, wie sie sich trotz ihrer Krankheit mit Sicherheit und Humor bewegte

33

und sogar die Leute beim Sommerfest der Katholischen Landjugend begrüßte, mit einem Tuch um den Kopf und Clogs an den Füßen, weil derjenige, der es eigentlich machen sollte, nicht aufzufinden war. Schwester Julia sagte später einmal: „Das Teuflische an dieser Krankheit ist, daß man keinem der Patienten ansieht, wie krank er wirklich ist." Gisela machte Besuche bei Verwandten, Bekannten und Freunden und auch im Kindergarten. Dort mußte sie den Kleinen alles genau erklären. Die Kinder versprachen ihr, jeden Tag für sie zu beten, damit sie bald wieder ganz gesund werde. Immer wieder kam später ein Brief vom Kindergarten mit hübschen Zeichnungen und Grüßen der Kinder in der Klinik an. Gisela hatte sie alle gut sichtbar an der Wand befestigt. An einem Sonntag besuchte sie mit Reiner eine Schulfreundin. Deren Vater fragte sie, ob das denn schon wieder ihre eigenen Haare wären. Darauf sagte Reiner: „Ja, ja, die eigenen Haare", und schob Giselas Perücke etwas zurück. Der Vater der Freundin rief ganz entsetzt: „Nein – nicht!" Als Gisela und Reiner von diesem Besuch zurückkamen, saßen wir gerade beim Kaffee mit Onkel Georg, der inzwischen zu Besuch gekommen war. Gisela erzählte lachend die kleine Episode bei ihrer Freundin. Daraufhin sagte Onkel Georg: „Aber Reiner, das macht man doch nicht! Man stellt doch ein Mädchen nicht so bloß." Darauf Gisela: „Wieso? Laß ihn doch! Wahre Schönheit kann nichts entstellen", und strich mit eleganter Handbewegung über ihre Glatze. In der Klinik habe man ihr schon oft Komplimente gemacht wegen ihrer schönen Kopfform.

Bestrahlung und Transplantation

Das nächste, was auf Gisela zukam, war die Ganzkörperbestrahlung. Dabei wurde ihr eigenes Knochenmark vollständig zerstört. Früher mußten die Patienten zu dieser Bestrahlung nach Freiburg i. Br. geflogen werden. Nun werden sie in das Strahlenzentrum im Zentralklinikum in Augsburg gebracht. Gisela war die zweite Ganzkörperbestrahlung in Augsburg. Schon während der Therapiepause mußte sie zweimal dorthin. Es wurden ganz spezielle Formen angefertigt, in die sie sich zur Bestrahlung legen mußte. Ihr Körper wurde ausgemessen und mit Strichen und Kreuzchen gekennzeichnet, die sie bis zur Bestrahlung nicht wegwischen durfte. Nur die Lunge wurde während der Bestrahlung abgedeckt, die Strahlen würden sie sonst zerstören. Die Anfertigung dieser Form war eine große und qualvolle Prozedur. Stundenlang mußte sie dabei ruhig liegen bleiben, ohne sich zu bewegen. Ganz erledigt kam sie davon zurück. Am 12. August brachte ich dann Gisela und Matthias nach Ulm. Gisela wurde wieder gründlich untersucht und an den nächsten Tagen auf die Bestrahlung und die Transplantation vorbereitet.

Matthias mußte ebenfalls gründlich untersucht werden, um eventuelle Risiken auszuschalten. Auf Station bekamen wir eine Mappe in die Hand, in der alle Ergebnisse gesammelt wurden, und wurden losgeschickt. Nach der Blutentnahme ging es weiter zum EKG, von dort zur Untersuchung der Lunge, dann weiter zum Röntgen. Dort warteten wir geschlagene zwei Stunden. Offensichtlich hatte man uns vergessen, denn als ich mich meldete, weil meine Geduld am Ende war, ging alles plötzlich sehr schnell. Nach dem Röntgen mußten wir noch in die Ambulanz und zum Narkosearzt. Abgekämpft und hungrig kamen wir nachmittags um 15.30 Uhr wieder auf die Station zurück. Früh um 8.30 Uhr hatte unser „Trip" begonnen. Wir gaben unsere Mappe mit den Untersuchungsergebnissen ab und verabschiedeten uns bei Gisela und dem Personal. In den nächsten Tagen mußte Gisela zu sämtlichen Fachärzten, vom Frauenarzt bis hin zum Hals-Nasen-Ohren-Spezialisten, denn sie durfte nirgends einen Entzündungsherd oder eine Infektion haben.

Am 18. August wurde sie dann mit einem desinfizierten Sanitätswagen nach Augsburg zur Bestrahlung gebracht. Reiner fuhr mit dem Pkw hinterher, denn es war Sonntag. Gisela war über die verheerenden Folgen dieser Bestrahlung aufgeklärt worden, auch darüber, daß sie voraussichtlich keine Kinder mehr bekommen konnte. Bei dieser Bestrahlung ging nicht nur ihr krankes Knochenmark kaputt, sondern auch eine ganze Menge anderes. Drei Tage mußte Gisela in Augsburg bleiben. Die Bestrahlungen lösten wieder Übelkeit und Erbrechen aus. Am zweiten Tag besuchte sie Reiner. Während Gisela in Augsburg war, wurden ihre persönlichen Dinge, die sie mit ins Zelt nehmen wollte, sterilisiert. Auch der arme „Schnief" mußte diese Prozedur über sich ergehen lassen. Schädliche Bakterien im Zelt konnten den Tod bedeuten.

Am Mittwoch mußte ich Matthias in die Klinik bringen. Am Donnerstag sollte die Transplantation stattfinden. Er wurde in der Kinderklinik untergebracht. Matthias – groß gewachsen wie ein Mann – sei dem Alter nach doch noch ein Kind, meinte der Arzt. Am Abend kam dann Gisela unter strengsten hygienischen und sterilen Bedingungen von Augsburg zurück. Sie hatte nun kein eigenes funktionierendes Knochenmark mehr und deshalb auch keine natürlichen Abwehrkräfte. Zur Transplantation entnahmen die Ärzte Matthias im OP unter Vollnarkose aus dem Beckenkammknochen Knochenmark. Es wurde dort gleich behandelt, und im Laufe des Nachmittags bekam es Gisela durch den Herzkatheter zugeführt. Dafür mußten Herz und Lunge unbedingt in Ordnung sein, denn das Knochenmark war eine dicke, etwas klumpige Flüssigkeit, das direkt in die Blutbahn kam. Ihr Blutdruck und ihr Kreislauf wurden ständig kontrolliert. Vom Apparat der Station aus rief sie mich an, daß es ihr gutgehe, und fragte, wie sich Matthias, der arme Kerl, fühlen würde.

„Life Island – Lebensinsel"

Nach der Transplantation wurde Gisela dann auf einer speziellen Intensivstation, „LIFE ISLAND" genannt, in ein Immunzelt eingeschleust. Jetzt begann für sie ein vollkommen steriles Leben. „LIFE ISLAND, Lebensinsel" – die einzige Hoffnung. Am Abend erkundigte ich mich nach dem Befinden von Matthias. Der Arzt sagte mir: „So gut, daß er bereits beim Fernsehen im Aufenthaltsraum sitzt." Zwei Tage später konnte ich ihn schon wieder abholen. Mit Matthias wollte ich dann zu Gisela fahren, doch er zog es vor, im Auto sitzenzubleiben, denn das Gehen und Treppensteigen bereitete ihm noch Schmerzen. Außen sichtbar hatte er sieben Einstiche, im Inneren allerdings einige hundert, so erklärte es mir der Arzt. Ich blieb also nicht lange bei Gisela. Sie erklärte mir das Zelt, in dem sie sich nun befand. Alles für den Aufenthalt im Zelt Notwendige war bereits darin untergebracht. Sie erzählte mir auch, wie das Einschleusen vor sich gegangen war. Gisela wurde in einem Desinfektionsbad gebadet, in sterile Tücher gewickelt und mußte dann nackt ganz schnell durch so etwas wie ein Fenster ins Zelt schlüpfen. Dort befand sich bereits ein steriler Schlafanzug, und auch „Schnief" wartete auf sie. „Eine richtige kleine Wohnung", sagte Gisela, „aber hoffentlich füttern die mich nicht so gut, nicht daß ich am Ende nicht mehr durch das Loch hinauskomme." Sie hatte wieder einmal ihren Spaß daran, alles lustig zu beschreiben. Jetzt mußte abgewartet werden, ob das Knochenmark von Matthias anwuchs. Frühestens nach zwölf Tagen konnte man es durch eine Punktion feststellen. Während dieser Tage telefonierte sie oft mit den Schwestern der Station, auf der sie bis zur Transplantation gelegen hatte. Einmal, als eine

Schwester abhob, meldete sich Gisela: „Hallo, hier spricht Matthisela!" – „Was! Wer?" – „Na, ich die Gisela!" – „Das sieht dir ähnlich." – „Wieso?" meinte Gisela, „das ist doch ganz klar. Schließlich bin ich ja nicht mehr *ich,* sondern eine Mischung von Matthias und Gisela, also Matthisela." Es gab also nichts, woraus sie nicht einen Witz machen konnte. Am besagten zwölften Tag besuchte ich Gisela. Meine Stellvertreterin als Ortsbäuerin fuhr mit. Wir bekamen zufällig mit, wie das Essen sterilisiert und eingeschleust wurde. Sie bekam ihr Essen immer nach Wunsch, ganz egal zu welcher Uhrzeit. Gisela hatte sich einen kleinen Fernsehapparat gekauft, den sie im Zelt aus- und einschalten konnte. Das Programm mußten ihr allerdings die Schwestern einstellen, weil der Apparat außerhalb des Zeltes stand. So sah sie fast immer bis Mitternacht fern. „Weißt du, Mama", sagte sie, „wenn man hier in so einem Käfig sitzt, schaut man jeden Mist an, um sich die Zeit zu vertreiben. Schlafen kann ich immer erst gegen Morgen. Sie lassen mich dann schlafen, daß ich oft erst am Mittag frühstücke. So verschiebt sich mein ganzer Tagesablauf." Gisela erklärte uns die ganze Speisekarte auf ihrem Bettbezug – *wann* es *was* gegeben hatte. Im Schneidersitz saß sie auf ihrem Bett und ließ wieder einmal ihr Schauspielertalent – das sie, glaube ich, schon mit zur Welt gebracht hatte – spielen. Wir bekamen beide Bauchweh vom vielen Lachen.

„Es hat geklappt!"

Im Laufe des Nachmittags kam dann Dr. Schmidt, der transplantiert hatte. Er schlug mit der Hand gegen die Zeltwand und sagte: „Gisela, die erste Flasche Sekt kannst du öffnen, es hat geklappt." Man sah ihm die ehrliche Freude an. Gisela sagte: „Was, Sekt? Ich brauche Sekt, sterilen Sekt aus der Dose!" Es war also das Ergebnis, das wir alle so sehr erhofft hatten. Schon bald fingen die Blutwerte an zu stei-

gen. Ein Zeichen dafür, daß sich das Knochenmark ver-
mehrte. Bis dahin bekam sie Blut von Matthias und
fremdes Blut übertragen. Täglich wurde ihr Blut abgenommen und kontrolliert. Man konnte das alles durch den
Schlauch ihres Herzkatheters außerhalb des Zeltes machen.
Gisela sagte einmal: „Meistens schlafe ich noch, wenn sie
mir Blut abnehmen. Stell dir vor, die könnten mich anzap-
fen und auslaufen lassen, und ich würde es gar nicht mer-
ken." Ein Pfleger kam, um ihr eine Spritze zu geben,
ebenfalls in diesen dünnen Schlauch. Gisela lachte: „So tun
die Spritzen schrecklich weh." – „Das Schönste ist", sagte
sie einmal, „alles, was sie zu meiner Behandlung brauchen,
alle Medikamente und Pflegeartikel, habe ich bei mir im
Zelt. Um alles, was sie brauchen oder wollen, müssen sie
mich bitten und könnten gar nichts machen, wenn ich
mich weigern würde, etwas zu tun oder herzugeben." Die
einzige Verbindung zur Außenwelt war, wie gesagt, der
Fernsehapparat und das Telefon. Dieses war außerhalb des
Zeltes angebracht, und jedesmal, wenn sie angerufen wurde
oder sie jemand anrufen wollte, mußte sie in einen Plastik-
handschuh schlüpfen, um abheben zu können. Trotzdem
machte sie regen Gebrauch von ihm. Auf der Telefonrechnung war dies deutlich sichtbar. „Sonst kann ich hier kaum
Geld ausgeben, so vertelefoniere ich es eben." Jeden Tag, sobald sie munter war, wurden die anderen Patienten im
„Life" und auf 3 I angerufen und nach ihrem Befinden gefragt. So waren die Patienten trotz Isolation ständig auf dem
laufenden und konnten sich gegenseitig stützen und trösten. „Manchmal laden wir uns gegenseitig zum Pizzaessen
ein", sagte sie. „Das schmeckt sterilisiert relativ gut. Wir telefonieren zusammen, und einer bestellt dann für die anderen mit – ebenfalls telefonisch. Es gibt in der Stadt eine
Pizzeria, die ab drei Stück ins Haus liefert. Heute abend
werde ich einladen und natürlich auch bezahlen."

Manche Medikamente mußte sie mit einer Spritze
mischen und dann einnehmen. „Ein schreckliches Zeug",

sagte sie. „Aber weißt du, ich überliste mich da immer selbst. Ich mische – schaue es genüßlich an – sage ‚schmatzi – guti – feini' und – weg ist es." Udo, der Ersatzdienstleistende, besuchte Gisela immer nach Dienstschluß. Ihm schien sehr viel an ihr zu liegen. Na, ich weiß nicht, wenn Reiner nicht gewesen wäre ... Den 19. Geburtstag feierte Gisela im Zelt. Udo machte ihr ein großes Plakat und befestigte es an der Zeltwand. Es stellte eine Motorradfahrt mit verschiedenen Stationen dar, die er Gisela für das Frühjahr versprochen hatte, vorausgesetzt natürlich, daß sie gesund wurde. Auch die Nachtschwestern hatten hübsche Dinge für sie gebastelt und ebenfalls, während sie schlief, an der Zeltwand befestigt. Gisela erzählte: „Als ich aufwachte, dachte ich, spinne ich jetzt, oder was ist mit meinem Zelt passiert? Erst als ich meine Augen ganz offen hatte, sah ich, was da los war. Ist das nicht lieb? Ich habe mich wahnsinnig darüber gefreut." Auch die Schwestern der vorderen Station meldeten sich und sangen ihr durchs Telefon ein Ständchen vor.

Matthias spürte inzwischen kaum noch etwas von der Operation, und Gisela durfte nach drei Wochen das Zelt verlassen. Mit ihrer Sorge, sie könnte durch das Loch nicht mehr herauskommen, lag sie gar nicht so falsch. So sehr hatte sie zugenommen. Es war auch kein Wunder. Immer traf man sie beim Essen an. „Ich komme mir so richtig vor, wie Hänsel im Käfig", lachte sie. Einige Tage mußte sie noch auf der Station bleiben, schon am zweiten Tag schlenderte sie jedoch mit Mundschutz durch den Park.

Als geheilt entlassen

Am 3. Oktober wurde sie dann als geheilt entlassen. Reiner holte sie ab. Schon als unser Haus sichtbar wurde, drückte er auf die Hupe, und Gisela streckte ihre Hand aus dem Fenster, schwenkte den Entlassungsbrief und rief: „Hallo, hier bin ich, jetzt müßt ihr mich wieder haben!" Eine Menge guter Ratschläge hatte man ihr mitgegeben. Vor allem Menschenansammlungen mußte sie meiden, denn ein halbes Jahr lang hatte sie nun überhaupt keine körpereigene Abwehr. Zwei Jahre würde es dauern, bis ihr Immunsystem wiederhergestellt und voll funktionsfähig war. Den Herzkatheter hatte man noch nicht entfernt, denn die Risikozeit, in der sie das fremde Knochenmark wieder abstoßen könnte, war noch nicht vorbei. Innerhalb von acht Wochen war die noch möglich.

Nun hatte Gisela es also geschafft. Eine ihrer zwei kleinen Schwestern sagte zu ihr: „Gell, Gisela, jetzt bleibst du immer bei uns!" – „Ja freilich, jetzt bleibe ich bei euch!" Gisela mußte weiterhin ihre Haut intensiv pflegen und schützen. Durch die Bestrahlung wurde die natürliche Schutzschicht der Haut zerstört. Sie durfte sich nicht der direkten Sonne aussetzen. Auch das Essen machte ihr Schwierigkeiten. Trockene Speisen brachte sie nur mit Flüssigkeit hinunter, denn die Speicheldrüsen und Schleimhäute waren ebenfalls geschädigt. Gisela erzählte, daß sie, bevor sie entlassen wurde, ihre Krankenakte irgendwohin bringen mußte. Es habe sie wahnsinnig interessiert, was da alles drinstand, deshalb habe sie sich in eine stille Ecke gesetzt und die Akte studiert. Dabei habe sie erfahren, was für ein Riesenglück sie gehabt habe. Erst im August sei sie in die unbedingt erforderliche Vollremission gekommen. „Eigentlich viel zu spät", sagte sie. Normalerweise war nach so langer Zeit gar keine Vollremission mehr möglich. Nun war ihr auch klar, warum ihre Therapiepausen immer kürzer waren als bei den anderen Patienten. „Glück!" – Dieses Wort hatte Gisela oft gebraucht. Sie war immer der Meinung, ihr habe das Schicksal mehr Möglichkeiten und Chancen zugedacht als den anderen. In der Woche vor Kirchweih besuchte sie eine meiner Freundinnen. Sie fragte Gisela: „Woher glaubst du die Kraft bekommen zu haben, das alles so tragen und durchhalten zu können?" – „Ich glaube ganz einfach, weil ich einen so großen Halt von außen hatte. Einmal von meinem Freund, dann von meiner Familie. Und ich weiß, daß sehr viel für mich gebetet wird, das gibt einem schon Kraft." Als sie das sagte, wußte sie noch nicht, daß sie noch viel, viel mehr Kraft brauchen würde. In den letzten Tagen machte ich mir Sorgen um Gisela. Sie war ständig müde, sie aß wenig, fror, und ihr war so schwindlig, daß sie sich festhalten mußte. Ihr Zustand verschlechterte sich zusehends. Als ich zu ihr sagte: „Ruf doch mal in Ulm an, da kann doch etwas nicht stimmen", sagte sie nur: „Am 23. muß ich sowieso zur Routineuntersuchung hin, das sind nur noch ein paar Tage, in dieser Zeit werde ich schon nicht sterben." Das war vielleicht der alles entscheidende Fehler.

Hermann hatte eine Wallfahrt nach Altötting versprochen, wenn Gisela wieder gesund würde. Am Kirchweihsamstag und -sonntag hatte er Gelegenheit, sein Versprechen einzulösen. Das örtliche Busunternehmen hatte diese Fahrt ausgeschrieben, also fuhr Hermann mit.

Der eigentliche Leidensweg beginnt

Am Montag war der 23. Oktober, und ich brachte Gisela zu der schon erwähnten Untersuchung in die Klinik nach Ulm. Ich hatte Gisela geraten, doch etwas Wäsche und Waschzeug mitzunehmen, falls sie, wenn etwas nicht in Ordnung wäre, dort bleiben müßte. „Nichts da! Ich nehme nichts mit und bleibe auch nicht dort", sagte sie sehr bestimmt. Na, wir werden ja sehen, dachte ich. Pünktlich um 8.30 Uhr waren wir dort zur Blutabnahme, was immer das erste war. Ich saß im Warteraum des Ambulanzgebäudes und wartete von einer Stunde auf die andere. Zwischendurch tauchte Gisela immer wieder kurz auf, um mir zu sagen, wo sie gerade war und wo sie noch überall hin mußte. Sie wirkte müde und wurde immer blasser. Auch eine Knochenmarkpunktion machte man wieder, daher dauerte es so lange, bis alles ausgewertet war. Es war gut, daß sich Gisela immer wieder hinlegen mußte, sonst hätte sie wahrscheinlich gar nicht durchhalten können. Mittags war sie dann etwas niedergeschlagen: „Mama, du sollst mit zu Frau Dr. Ambach kommen, mit meinem Blut stimmt etwas nicht." Das bedeutet wohl nichts Gutes. Frau Dr. Ambach war Ärztin im „Life" und hatte an diesem Tag Ambulanzdienst. Wir gingen zusammen hin, und ich hatte ein sehr ungutes Gefühl. „Nun, Frau Albrecht, Gisela wird es Ihnen schon gesagt haben, daß ihr Blut nicht in Ordnung ist. Wir müssen klären, was die Ursache ist. Es ist möglich, daß es nur ein Infekt ist. Das wäre nicht so schlimm, das hätten wir bald wieder im Griff. Es besteht aber auch die Möglichkeit, daß sie abstößt, das wäre allerdings nicht so einfach. Hoffen wir, daß es nur ein Infekt ist. Gisela muß jetzt auf jeden Fall hierbleiben und Blut bekommen. Mit dieser Anämie darf sie auf keinen Fall nach Hause. Ihre Blutwerte liegen bereits an der untersten Grenze. In Haus 3 habe ich schon Bescheid gesagt." Gisela hatte mit hängendem Kopf zugehört. Wir gingen also auf 3 I, dort wurden wir schon erwartet. Michael, ein Pfleger, sagte zu Gisela, daß er auf 103 schon ein Bett zugestellt habe. „Was! Bett? Ich brauche kein Bett! Ich hole hier mein Blut ab, und dann gehe ich wieder heim", sagte Gisela sehr gereizt. „Leg dich doch hin, du bist ja ganz erschöpft", sagte Michael. „Wir müssen ohnehin warten, bis dein Blut von der Zentrale kommt." – „Soll ich nun warten oder heimfahren?" fragte ich. „Mama, fahr heim, ich komme mit dem Taxi nach, sobald ich mein Blut habe." Also machte ich mich auf den Weg. Alles mögliche ging mir durch den Kopf. Noch immer hatte ich die ernsten Gesichter von Frau Dr. Ambach und dem Personal von Haus 3 I vor Augen. Wollte uns die Ärztin vielleicht nur schonen, als sie sagte, es könnte ein Infekt sein und nur ganz vorsichtig von der Möglichkeit einer Abstoßung sprach? Auch zu Hause dann allgemeine Beunruhigung. So schnell schien es mit der Blutübertragung nicht zu gehen, denn es wurde Abend, und Gisela kam nicht.

Es war schon 19.00 Uhr, als Gisela anrief: „Stell dir vor, ich warte immer noch auf mein Blut. Mich macht das noch wahnsinnig! Sie wollten mir schon einen Schlafanzug bringen, damit ich mich umziehen könne, aber ich denke nicht daran. Ich fahre heim, und wenn es 12.00 Uhr nachts wird. Ich wollte euch nur Bescheid sagen, damit ihr wißt, was los ist." Sie solle doch vernünftig sein, ermahnte ich sie. Schließlich sei es doch egal, in welchem Bett sie diese Nacht liege. Für alle Fälle würde ich aber die Haustüre offenlassen. Denn, was sich Gisela in den Kopf setzte, führte sie auch meistens durch.

Ab diesem Abend dauerte es lange, bis die Müdigkeit mich überwältigte und ich in einen unruhigen Schlaf fiel. Nach dem Aufwachen führte mein erster Gang in Giselas Zimmer. Ich wollte sehen, ob sie nun da war oder nicht. Sie war nicht da. Sobald ich aus dem Stall kam, wollte ich auf der Station anrufen, doch es war nicht mehr notwendig. Gisela war mit einem Taxi heimgekommen. Sie frühstückte erst einmal, denn in der Klinik hatte sie jedes Essen verweigert. Währenddessen erzählte sie, daß es tatsächlich fast 24.00 Uhr gewesen sei, bis das Blut endlich durchgelaufen war, es sei ihr aber dann doch zu blöd gewesen, um diese Zeit noch ein Taxi zu rufen. Vorsichtig fragte ich sie, ob man denn schon wisse, was die Ursache dieser Anämie sei. „Freilich – ich stoße ab", sagte sie, wieder ziemlich gereizt. Es war nur zu verständlich. Da war die Risikozeit fast vorüber – und nun dieser Schlag. Am nächsten Morgen mußte sie wieder in die Klinik, also blieb nichts anderes übrig, als die Tasche zu packen und die Freude, die wir gehabt hatten, schnell wieder zu vergessen. Dr. Adam hatte ihr erlaubt, an diesem Tag noch einmal heimzufahren, weil er wußte, daß im Augenblick mit Gisela nichts zu machen war. Sie brauchte diesen Tag, um sich auf die neue Situation einzustellen, doch sie wußte nicht, daß nun ihr eigentlicher Leidensweg beginnen würde.

Am anderen Morgen holte sie der Taxifahrer, der sie gebracht hatte, wieder ab. Als wir uns verabschiedeten, kämpften wir beide mit den Tränen. „Gisela, versuch zu retten, was zu retten ist", sagte ich zu ihr. Und sie: „Mama, das geht schon."

Krankenölung

Nun versuchten die Ärzte den Rest Knochenmark, den sie noch hatten, mit einer speziellen Therapie zu erhalten – doch vergebens. Die nächste Transplantation mußte also vorbereitet werden. Der Arzt meinte, wenn sie gleich gekommen wäre, als sie gespürt hatte, daß etwas nicht in Ordnung war – vielleicht, vielleicht hätte man die Abstoßung aufhalten können. Zwei Tage vor Allerseelen besuchte ich Gisela. Im Laufe des Gesprächs fragte ich sie, ob sie sich nicht die Krankenölung geben lassen wolle, da ihre Lage doch relativ ernst sei. „Mama, ich bin neunzehn, und ich habe vor, zu leben und nicht zu sterben", entgegnete sie. „Das glaube ich dir schon", sagte ich, „aber es wird kommen, wie es kommen muß, ganz egal, was du vorhast, und ich möchte nicht erleben, daß etwas passiert, ohne daß du diese Dinge in Ordnung gebracht hast. Bei einem Unfall kann man nicht immer vorbereitet sein, aber wenn man so lange krank ist, wäre es eine unverantwortliche Schlamperei." Gisela versprach mir, schon darauf zu achten, wenn es an der Zeit sei. Die Krankenhausseelsorge war nicht gerade überwältigend. Es kam zwar ab und zu ein Pfarrer, allerdings ohne sich genauer vorzustellen. So war sie bis kurz vor ihrem Tode der Meinung, der katholische Pfarrer sei der evangelische. Sie erzählte aber, daß sie ein paar gute Gespräche mit ihm geführt habe.

An Allerseelen war es dann soweit. Mein Mann und ich

hatten uns gerade zu einem kurzen Mittagsschlaf hingelegt, als einer unserer Buben kam: „Einer von euch soll ans Telefon kommen – die Uniklinik." – „Au weh", war mein Kommentar, „Was?" der meines Mannes. Hermann ging ans Telefon. Es war Dr. Schmidt. Gisela hatte eine schwere Lungenentzündung, und es bestand Verdacht auf Pilz in der Lunge – das Schlimmste, das diesen Patienten passieren kann. Sie hatten sie sofort in ein Zelt ins „Life" gebracht. Dort konnten sie sie besser und intensiver behandeln. „Ihr Zustand ist sehr ernst, in 24 Stunden wird es sich entschieden haben", hatte der Arzt gesagt. „Wenn es so ernst ist, dann verständigen Sie bitte den Priester", sagte mein Mann zu ihm. Doch Dr. Schmidt: „Um Gottes willen! Wenn wir jetzt mit Letzter Ölung daherkommen, bekommt sie einen Schock und gibt auf." Hermann konnte ihn nicht überzeugen. Er kam zu mir – ganz aufgebracht – und erzählte, wie die Dinge standen. Ich überlegte kurz und hatte einen Einfall: „Wir rufen sofort Georg an, ob er nicht hinfahren kann." Gesagt – getan! Georg erklärte sich sofort bereit und versprach, gleich loszufahren. Anschließend werde er dann bei uns vorbeikommen. Daraufhin rief ich in der Klinik an. Dr. Schmidt war selbst am Apparat, und ich sagte ihm, daß ein Onkel von Gisela Pfarrer sei und bereits unterwegs sei nach Ulm. „Gisela darf uns jetzt nicht aufgeben, sonst ist alles gelaufen", sagte er. Ich versicherte ihm, daß Gisela ganz sicher keinen Schock bekommen und auch ganz sicher nicht aufgeben werde. „Erst vor drei Tagen habe ich offen mit Gisela darüber gesprochen. Zudem heißt es nicht mehr Letzte Ölung, sondern Krankensalbung, und die dabei gesprochenen Gebete sind alle aufs Gesundwerden und nicht aufs Sterben ausgerichtet." Das wisse er schon, meinte er, er sei auch katholisch. „Na also", war mein Kommentar darauf. Er versicherte, er werde alles für Gisela tun, was in seiner Macht stehe. Davon war ich überzeugt. Gott sei Dank, wenigstens das war so geregelt. Trotzdem waren wir alle in heller Aufruhr. Dr. Schmidt ging nach meinem Anruf zu

Gisela. Er sagte ihr, daß er uns darüber verständigt habe, daß es ihr nicht gerade gutgehe. Auf unsere Veranlassung sei nun ihr Onkel unterwegs, um ihr die Krankenölung zu spenden, und ob ihr das recht sei. „Ja", sagte Gisela, „für meine Eltern ist das sehr wichtig, und ich möchte es in diesem Falle auch." Dann sei ihm das auch recht, meinte er. Als Georg ankam, empfing ihn Dr. Schmidt mit der Mitteilung, er sei schon angemeldet. Dies schien mir sehr wichtig. Womöglich hätten sie ihn sonst gar nicht eingelassen. Georg mußte also auch einen Mantel überziehen, in Plastikschuhe schlüpfen und seine Hände desinfizieren, so wie es auf dieser Station üblich und notwendig war. Meistens mußte man auch einen Mundschutz tragen, damit die Patienten, die so sehr anfällig waren, nicht gefährdet werden. Als er dann zu Gisela geführt wurde, sagte sie: „So, Onkel Georg, heute kommst du als Pfarrer zu mir!" Sie war sehr gefaßt.

Elisabeth war mit Giselas Freundin und deren Schwester bereits am Vormittag in Richtung Ulm losgefahren. Sie hatten keine Ahnung von Giselas Zustand. Sie wollten sich in Kaufhäusern in Senden umsehen und anschließend einen Krankenbesuch machen. Ich überlegte ständig: Sollte ich es nun Reiner sagen oder nicht? Als Norbert heimkam und ich ihm erzählte, wie es um Gisela stand, war seine erste Frage: „Weiß es Reiner schon?" – „Noch nicht", sagte ich, und ich wisse auch nicht, ob ich es ihm sagen solle. „Sicher mußt du es ihm sagen." Ich ging also zum Telefon. Er hob selbst ab. „Reiner, ich muß dir sagen, daß es Gisela schlechtgeht." – „Wieso, was ist?" – „Sie hat Lungenentzündung." Kurze Pause. Dann: „Ich fahre sofort los." Seine Schwester erzählte mir später: Die Jacke schon in der Hand, habe er in die Küche gerufen: „Gisela geht es schlecht, ich fahre zu ihr", und weg sei er gewesen. Sie habe nicht einmal fragen können, was denn los sei. Regina bekam natürlich auch mit, daß irgend etwas los war. „Was ist denn mit Gisela", fragte sie. Ich versuchte ihr zu erklären, daß Gisela ganz fest

47

krank sei und vielleicht sterben müsse. Darauf schrie Regina los: „Nein! Gisela darf nicht sterben, sie ist meine beste Freundin! Warum muß Gisela sterben?" – „Kind, das wissen wir auch nicht!" Ich überlegte, ob ich nun ebenfalls in die Klinik fahren sollte oder nicht. Georg war bei ihr, Reiner, Elisabeth, die beiden Freundinnen. Einerseits war es ganz sicher zuviel, andererseits wollte ich bei ihr sein, falls sie wirklich sterben sollte. Ich entschloß mich zu warten, bis Georg kam. Nur mit Mühe schaffte ich es, für den nächsten Tag, der ein Sonntag war, noch etwas zu backen. Ich war völlig durcheinander. Es war schon Stallzeit, als Georg endlich kam. Gleich an der Haustüre fragte ich ihn: „Und wie sieht es aus?" – „Mein Gott! Schlecht! Sie braucht nur noch die Augen zuzumachen", war seine Antwort. Trotz dieser Trostlosigkeit war es aber beruhigend für mich, daß Gisela wenigstens seelisch versorgt und vorbereitet war. Bald darauf kam Elisabeth. Man sah, daß sie geweint hatte. Es war ein Schock für sie gewesen, nichtsahnend ins Krankenhaus zu kommen und Gisela todkrank vorzufinden. Nur weil sie die Schwester war, durfte sie kurz zu ihr. Reiner verließ immer wieder das Zimmer. Zu Gisela sagte er, daß es ihm zu warm sei, er habe im Gang etwas zu trinken oder er wolle dort eine Zigarette rauchen. In Wirklichkeit mußte er mit sich und den Tränen kämpfen. Er blieb dann noch eine Weile bei ihr, als Georg und Elisabeth schon weg waren. Er gehörte ohnehin schon fast zum Personal.

Betroffen – um nicht zu sagen hilflos – saßen wir alle um den Küchentisch. Hermann war inzwischen vom Stall gekommen und ließ sich von Georg erzählen, wie es um Gisela bestellt war. Georg verabschiedete sich dann, denn er hatte einen arbeitsreichen Sonntag vor sich. „Sagt mir gleich Bescheid, wenn die Hiobsbotschaft kommt." Wir setzten uns dann alle ins Wohnzimmer und beteten beim Schein einer Kerze für unsere todkranke Gisela einen Rosenkranz. Immer wieder fiel zwischendurch einer aus, weil er mit den Tränen kämpfen mußte. Noch nie hatte ich

meine Kinder so leicht zum Rosenkranzgebet bewegen können. Als wir fertig waren, ging ich zum Telefon, um mich
nach Gisela zu erkundigen. Die Nachtschwester sagte jedoch, sie dürfe keine Auskunft geben. „Hören Sie", sagte
ich, „es geht mir nur darum, ob sich ihr Zustand gebessert
oder verschlechtert hat. Wenn er sich verschlechtert hat,
fahren wir jetzt los, wenn nicht, warten wir bis morgen
früh." – „Verschlechtert hat er sich auf keinen Fall, sie
wäscht sich gerade selbst. Ich denke, daß Sie bis morgen
warten können." – „Gut! Dann kommen wir morgen. Und
richten Sie Gisela recht, recht herzliche Grüße von uns aus.
Gute Nacht!" In diesem „Gute Nacht" war sehr viel einge-
schlossen. Mit hängenden Flügeln gingen wir alle zu Bett.
Die Wohn- und Schlafzimmertüren ließ ich offenstehen,
damit wir – sollte das Telefon klingeln – es auch sicher hör-
ten. Mein Mann war froh, nicht nach Ulm fahren zu müssen, denn er hatte offensichtlich Angst davor.

Ein Funken Hoffnung

Es hat nicht geklingelt in dieser Nacht. Und um ganz sicher
zu gehen, rief ich am Morgen gleich wieder in der Klinik an.
„Es geht ihr den Umständen entsprechend gut", war die
Auskunft. Das weckte in mir wieder einen Funken Hoffnung. Nach der Stallarbeit und dem Frühstück nahmen wir
unsere Kinder mit ins Dorf zur Kirche. Hermann und ich
fuhren gleich weiter in die Klinik. Für mich waren diese
Fahrt und dieser Besuch vielleicht sogar mehr als ein Gottesdienst. Als wir zu Gisela ins Zimmer kamen, sagte sie
müde lächelnd: „Ach, hallo!" Man sah, daß ihr das Reden
noch Mühe machte. Sie wurde gerade von einer Schwester
versorgt. Wir durften dann zu ihr ins Zelt, unter allen Si-
cherheitsvorkehrungen natürlich. Es war diesmal ein anderes, moderneres Zelt mit einem eingebauten Abluftsystem.
Vom Boden her wurde sterile Frischluft zugeführt und

oben sofort wieder abgesaugt, so daß eventuelle Bakterien sofort abgezogen wurden. Gisela erzählte uns, daß der Vortag sehr anstrengend gewesen sei und daß Elisabeth und Onkel Georg sicher sehr erschrocken gewesen seien. „So schlecht, wie ich ausgesehen habe, ist es mir doch gar nicht gegangen. Es waren nur die unzähligen Medikamente, die mich so müde gemacht haben." Dann erzählte sie, daß am Vormittag eine Schwester sie habe waschen wollen. Sie habe aber abgelehnt mit den Worten: „Waschen tu' ich mich selbst, und wenn es Mitternacht ist." Gisela war also noch ganz die gleiche. Sie kämpfte und kämpfte. Wir blieben nicht lange, denn das Sprechen strengte sie noch sehr an. „Macht euch keine Sorgen, es geht ja schon wieder aufwärts", sagte sie, als wir uns verabschiedeten.

Im Gang wartete schon Dr. Schmidt auf uns. „Die größte Gefahr scheint gebannt", sagte er, „aber es ist gut, daß Sie nicht so lange geblieben sind, denn Gisela darf sich noch auf keinen Fall anstrengen." Dann fragte ich ihn, ob der Schock denn eingetreten sei, den er im Fall einer Krankenölung befürchtet habe. „Ach nein", sagte er, „aber Sie müssen uns verstehen. Wir sehen es aus medizinischer Sicht, und ein Aufgeben wäre für Gisela wirklich das Ende gewesen. Aber ich finde es gut, wenn Sie das machen. Hoffen wir, daß die Besserung anhält." Wir dankten Dr. Schmidt für alles, was er in den vergangenen Stunden für Gisela getan hatte, und machten uns recht zuversichtlich auf den Heimweg.

Nach drei Tagen hatte Gisela die schwere Lungenentzündung bereits überwunden, so daß mit der Vorbereitung der zweiten Transplantation weitergemacht werden konnte. Frau Dr. Ambach sagte zu Gisela: „Für mich grenzt das alles an ein Wunder. Medizinisch gesehen, ist es nahezu unmöglich, eine Lungenentzündung in drei Tagen zu überwinden – ohne körpereigene Abwehr. Andere kämpfen da monatelang." War es doch die Krankenölung gewesen? Für Dr. Schmidt war es jedenfalls ein Beweis, daß Kranken-

ölung nicht gleichbedeutend ist mit Tod. – War es das Gebet unserer Freunde gewesen? Ich hatte sie verständigt, und
alle haben sie mir versichert, fest und inständig für Gisela –
und auch für uns – zu beten. Es war in diesen Situationen
so gut zu wissen, daß es Menschen gibt, die weitergebetet
haben, wenn uns die Worte und die Kraft dazu fehlten.

Inzwischen war es Herbst, und der Wind jagte die bunten
Blätter über die Autobahn – die Blätter, die bis dahin für die
Natur Leben bedeutet hatten und die erst Ruhe finden würden, wenn sie der Winter mit dem Mantel des Friedens zu-
deckte. In diesen Herbsttagen verlief die Fahrt auf der
Autobahn immer sehr nachdenklich. Könnte man doch
Sorgen und Ängste, alle Hilflosigkeit und Ungewißheit
auch unter diesen Mantel stecken. Der Ablauf von Giselas
Krankheit war fast zu vergleichen mit dem Ablauf des Jah-
res. Im Frühjahr blühten überall die Heckenrosen am Rand
und in den Mittelstreifen der Autobahnen – und auch wir
lebten alle in der Blüte der Hoffnung. Jetzt hingen die
Früchte schwer und reif an den Büschen. Es blieb abzuwarten, ob einer kommen würde, um zu ernten.

Zermürbendes Warten

Gisela wurde noch einmal nach Augsburg gebracht. Sie
sollte die Milz bestrahlen lassen. Die Milz nämlich war es,
die gegen das fremde Knochenmark arbeitete. Als Gisela
sich diesmal in Augsburg verabschiedete, sagte eine Ärztin
in einem ganz energischen Ton zu ihr: „Aber diesmal behalten Sie es, das ist ein ärztlicher Befehl!" Ja, wenn man so etwas nur zu befehlen bräuchte! Nun war also Norbert als
Spender an der Reihe. Die Vorbereitungen verliefen ebenso
wie bei Matthias. Er mußte einige Tage länger bleiben, um
Gisela Blut spenden zu können – Blut vom gleichen Knochenmark, das Gisela jetzt hatte. Dann begann wieder das
zermürbende Warten. Am zwölften Tag wurde wieder

punktiert. Gegen 16.00 Uhr war das Ergebnis in der Regel
da. Gisela meldete sich aber nicht. Abends um 18.30 Uhr
entschloß ich mich anzurufen. „Nun, Gisela – wie sieht es
aus?" – „Mama, wenn ich das wüßte! Keiner läßt sich sehen.
Du, ich sag dir's gleich, das ist ein schlechtes Zeichen!"
Noch während unseres Gesprächs kam Frau Dr. Ambach
ins Zimmer. Gisela sagte: „Du, ich ruf' dich nachher an!" Es
dauerte eine ganze halbe Stunde. Ich wurde unruhig. Wenn
es geklappt hätte, wäre das doch schnell gesagt gewesen.
Endlich klingelte das Telefon.

Gisela meldete sich mit belegter Stimme und fragte, wo
sich Manfred zur Zeit aufhalte. „Daheim", sagte ich.
„Wieso?" – „Du kannst ihm sagen, daß er sich in den nächsten Tagen fertig machen kann für die Klinik. Es hat nicht
geklappt!" Man hörte, wie sie einige Male schlucken
mußte. Die Milz hatte schon so viele Antikörper produ-
ziert, daß das Knochenmark von Norbert erst gar nicht an-
wachsen konnte. Frau Dr. Ambach kam mit dem Resultat
erst zu ihr, als sie schon wieder ein neues Konzept ausgear-
beitet hatten, um Gisela nicht in Hoffnungslosigkeit zurücklassen zu müssen. Gisela sagte, daß Frau Dr. Ambach
ganz erledigt gewesen sei. Man kann sich vorstellen, daß es
nicht leicht ist, einem Patienten eine so schlechte Nachricht zu bringen und ihm damit wieder ein Stück Hoffnung
zu nehmen. Hermann und ich brachten Manfred zu den
Untersuchungen nach Ulm. Wir gingen gleich ins „Life",
um die Untersuchungsmappe abzuholen. Zu Hermann
sagte ich, er könne ja gleich zu Gisela gehen, während ich
Manfred schnell durch die Klinik führte, um ihm die einzelnen Untersuchungsräume zu zeigen. Ich kannte mich ja
inzwischen aus. Hermann zögerte – er könne ja auch warten, bis ich wieder komme. Er hatte wahrscheinlich Angst,
eine am Boden zerstörte Gisela vorzufinden. Doch dem war
nicht so. Gisela sagte nur: „Jetzt ist es scheiße – echt
scheiße! Aber ich habe noch einen Spender, wer hat schon
dieses Glück?" – Dieses – „ich hab' ja noch! – ich kann ja

noch! – bei mir geht's ja noch!" konnte man immer wieder von ihr hören. Jeden Funken Hoffnung hat sie sofort wahrgenommen, an jedem Strohhalm hat sie sich festgehalten. Das war es auch, was Ärzte und Schwestern bei ihr so bewunderten. Daß sie diese Kraft aufbringen konnte, das war ganz sicher der Macht des Gebetes zuzuschreiben. Denn zu oft mußte sie erfahren und erleben, wie bei anderen Patienten alle Hoffnung dahinschwand und alles aus war. Und Gisela konnte nie wissen, ob sie nicht die nächste sein würde.

Am 2. Dezember – einen Tag vor der dritten Transplantation – brachte ich also Manfred in die Klinik. Er bekam gleich sein Zimmer in Haus 4 zugewiesen, und ich ging zu Gisela. Kaum war ich dort, wurde ein Riesenapparat, der kaum durch die Türe ging, hereingeschoben. Es war ein fahrbares Röntgengerät. Giselas Lunge wurde noch einmal darauf kontrolliert, ob sie den Strapazen des nächsten Tages auch standhalten konnte. In der Zwischenzeit mußte ich das Zimmer verlassen. Eine Weile stand ich im Gang, da tauchte Dr. Schmidt auf. Er kam gleich auf mich zu, grüßte mich herzlich, hatte aber ein sehr ernstes Gesicht. „So, nun wird es ernst, jetzt müßt ihr euch aber anstrengen", sagte ich. Etwas Besseres war mir nicht eingefallen. Dr. Schmidt sagte: „Frau Albrecht, wir tun, was wir können. Glauben Sie ja nicht, daß wir uns diese Entscheidungen leichtgemacht haben. Stundenlang – Stunden! – haben wir uns in der Gruppe beraten, und – Stunden! – waren wir mit Ärzten in England telefonisch in Verbindung, mit denen wir ständig unsere Erfahrungen austauschen. In den vergangenen Tagen wurde mit einer Sondermaschine ein ganz spezielles Medikament, ebenfalls aus England, eingeflogen. Es geht darum, die Antikörper schnell zur Reife zu bringen und dann zuzuschlagen, denn nur im Reifestadium können sie zerstört werden. In der Theorie müßte es klappen! Ob es in der Praxis klappt – wir wissen es nicht! Ich sag's Ihnen ehrlich, es ist nur ein Versuch. Nichts wünsche ich uns allen sehnlicher, als daß es klappt. Da hat dieses Mädchen drei

Spender – kein Mensch hat drei Spender! – und es soll nicht klappen! Dabei hilft Gisela uns allen so sehr durch ihr tapferes Verhalten. Wir können immer weitermachen. Stellen Sie sich vor, Sie müßten Tag und Tag bei ihr am Bett sitzen, wie es bei Patienten in diesem Alter häufig der Fall ist, weil sie wieder zurückfallen in ihr Kindsein. Gisela ist einfach zu bewundern!" Dr. Schmidt lief ganz aufgelöst um mich herum, während er mir das alles sagte. Er tat mir leid, denn er war ein so liebenswerter, bescheidener und ehrlicher Mensch. Auch Gisela mochte ihn sehr. Inzwischen waren sie mit dem Röntgengerät wieder verschwunden, und ich konnte wieder zu ihr gehen. Sie wirkte sehr zuversichtlich. Als Manfred dann auch kam, setzte er sich zu Gisela ins Zelt und sagte: „Ja, ja, Gisela, das machen wir zwei schon, wir haben uns doch immer schon gut vertragen!" Das stimmte. Sie waren immer ein Herz und eine Seele gewesen, besonders dann, wenn es etwas auszuhecken gab. Am nächsten Tag wurde also die dritte und „letzte" Transplantation in Angriff genommen. Sie war unsere ganze Hoffnung. Alles verlief planmäßig. Doch plötzlich stieg der Blutdruck auf 240. Das war Anlaß zur Sorge. Es gelang dem Arzt aber, die Lage rasch unter Kontrolle zu bringen. Nun begann wieder das zermürbende Warten. Und diesmal wußten wir – und auch Gisela wußte es –, wenn es diesmal nicht klappt, dann ist alles aus. Dann sind alle Möglichkeiten ausgeschöpft. Und ohne Knochenmark kann ein Mensch nicht leben. Allmählich drängte auch die Zeit. Die längste Zeit ohne Knochenmark hatte bis jetzt 90 Tage gedauert, und davon war sie nun nicht mehr weit entfernt. Manfred mußte ebenfalls einige Tage bleiben, und ihm wurde wieder und wieder Blut abgenommen, einmal um das Knochenmark, das Gisela bekommen hatte, günstig zu beeinflussen, und zum anderen brauchte Gisela dringend Blut, denn sie hatte ja seit Anfang November kein blutproduzierendes Knochenmark mehr. Gleichzeitig mit der Transplantation wurde eine Therapie begonnen, die von vornherein eine

Abstoßung verhindern sollte. Um den weiteren Blutbedarf zu decken, mußten Matthias, Norbert und Manfred – die drei Spender also – immer im Wechsel in die Blutzentrale zum Blutspenden gebracht werden. Ihr Blutkreislauf wurde dabei über eine Maschine umgeleitet, die nur die jeweiligen Blutbestandteile entnahm, die gerade gebraucht wurden. Das übrige Blut floß wieder zurück in den Körper. Bei den Thrombozyten dauerte dies etwa zwei, bei den Granulozyten vier Stunden. Die Jungen mußten dabei ruhig in einem Stuhl sitzen, im rechten und linken Arm eine Nadel. Damit die Zeit schneller verging, konnten sie Videofilme ansehen. Wir waren schon gute Bekannte in dieser Abteilung. Außerdem konnten wir verfolgen, wie der Betrieb dort funktionierte. Oft hatten die Ärzte Berge von Akten vor sich, um nach dem Spender einer ganz speziellen, meist sehr seltenen Blutgruppe zu suchen. Der Arzt sagte, als wir fast jeden zweiten Tag kommen mußten: „Nur gut, daß Gisela so viele Geschwister hat, so kann dem Mädchen vielleicht doch noch geholfen werden." Hätte das Blut unserer Buben nicht mehr ausgereicht, dann wäre ich an der Reihe gewesen.

Gisela hatte inzwischen die gleiche Blutgruppe wie ich. Gisela sagte scherzhaft: „Nun heiße ich nicht mehr Matthisela, sondern Matthisenorfreda." Während die Buben in der Blutzentrale waren, saßen Hermann oder ich bei Gisela im Zelt. Nur die nächsten Angehörigen und einige andere Personen, die Gisela auswählte, durften das. Alle anderen mußten außerhalb des Zeltes bleiben. Das Risiko wäre viel zu groß gewesen. Gisela schimpfte einmal: „Das hab' ich doch dick, wenn Besucher, ohne zu fragen, einfach zu mir ins Zelt stoffeln!" Eigenartig war es ja schon. Da stand die Tür offen, doch niemand durfte hinein. Und Gisela durfte nicht heraus. Es war dem Personal nicht mehr gelungen, vor der Transplantation das Zelt zu schließen und vollkommen steril zu machen, denn das hätte zwei Tage gedauert, und so lange konnte Gisela nicht mehr außerhalb des Zeltes sein.

Es war also größte Vorsicht geboten. Man durfte nur in Schutzkleidung und mit Mundschutz, der sehr lästig war, zu ihr. Alles, was man mit ins Zimmer nahm, mußte gründlich eingesprüht werden. Blumen oder ähnliches Organisches war ohnehin verboten.

Ein ganz anderer Advent

Anita und Regina hatte ich einmal mitgenommen. Eine Schwester suchte die kleinsten Mäntel heraus, die sie finden konnte. Am interessantesten war natürlich der Mundschutz, ohne den auch die zwei nicht hinein durften. Daß sie zu Gisela ins Zelt durften, war schon eine Sensation. Alles wollten sie genau erklärt bekommen. Immer wieder strichen sie Gisela über den Kopf, denn ihre Haare begannen wieder zu wachsen und fühlten sich an wie Flaum. Inzwischen war die Adventszeit da, und bei Gisela war es trotz allem sehr gemütlich. Am großen Zimmerfenster an der Zeltwand und an der Decke hingen Sterne und schwebten Engel. Einige Besucher hatten sie ihr geschenkt, einige hatte ich mitgebracht. Da war auch der Adventskranz aus trockenen Zapfen, der allerdings außerhalb des Zeltes bleiben mußte. Die Schwestern zündeten die Kerzen an, wenn Gisela es wünschte. Und sie hatte einen wunderschönen Adventskalender, den ihr eine Arbeitskollegin gebastelt und geschenkt hatte. Es war ein Haus mit 24 Fenstern aus Streichholzschachteln. Hinter jedem Fenster war eine Überraschung verborgen. Ein netter Spruch, ein kleines Bildchen – von Kindergartenkindern gemalt – oder selbstgebastelte Kleinigkeiten. Frau Dr. Ambach war ganz begeistert von diesem Kalender. Jeden Morgen, wenn sie kam, fragte sie: „Na, was ist denn heute wieder Schönes herausgekommen?" Hatte Gisela noch nicht aufgemacht, dann fragte sie fast bittend: „Darf ich?" Dann wurde gemeinsam bestaunt, was da zum Vorschein kam und anschließend an der Zelt-

wand befestigt. Dann war da auch noch ein echter Tannen-
zweig in Folie eingeschweißt, den Wolf, ein Pfleger, in der
Nacht zum Ersten Adventssonntag in ihr Zelt geschmuggelt
hatte. Er hatte Gisela auch einen langen Brief geschrieben,
aus dem hervorging, wie sehr das Personal mit ihr litt.

Es war ein ganz anderer Advent als sonst. Zum erstenmal
wurde mir bewußt, was Erwartung alles beinhalten und bedeuten kann. Wir alle – und Gisela ganz besonders – warteten auf das nächste Punktionsergebnis, das entweder Leben
oder aber Tod bedeutete. Gisela wirkte während dieser Zeit
recht gelassen. In ihr Inneres konnte allerdings keiner sehen. Einmal sagte sie: „Wenn das jetzt nicht klappt, dann
darf ich bestimmt bald heim, spätestens Weihnachten. Ich
habe mir schon überlegt, wie mein Tod aussehen könnte.
Ich könnte zum Beispiel ins Gehirn oder in die Nieren blu-
ten, das wäre, glaube ich, nicht so schlimm. Aber angenommen, ich blute in den Magen, dann müßte ich so lange Blut
brechen, bis ich verblutet wäre, und das wäre für unsere
Kleinen gar nicht gut, wenn sie das miterleben müßten."
Die Nacht nach diesem Gespräch war für mich eine unruhige Nacht. Mein Gott! Was würde, könnte oder müßte ich
ihr wohl sagen, wenn man Gisela nach Hause brächte zum
Sterben? Hätte ich überhaupt die Kraft, das alles durchzu-
stehen? Würde Gisela sich dann nicht doch auflehnen gegen ihr Schicksal? Ein Film entsetzlicher Bilder lief vor
meinen Augen ab.

Meistens nahm ich – wenn ich Gisela besuchte – mein
Strickzeug mit. Als ich sie einmal fragte, ob es sie störe,
wenn ich nebenbei stricke, sagte sie: „Nein, überhaupt
nicht! Im Gegenteil, es ist so schön gemütlich, ganz wie zu
Hause. Das ist übrigens eine gute Idee, wie ich mir die Zeit
ein wenig vertreiben könnte. Weißt du was? Besorge mir
doch Stricknadeln und eine schöne blaue Wolle – am besten königsblau – für einen Pullunder." Schon bei meinem
nächsten Besuch brachte ich ihr die Wolle mit, und so
strickten wir meistens gemeinsam und erzählten. Gisela er-

zählte von der Behandlung, Neuigkeiten aus der Klinik und wie es den anderen Patienten ging. Mit Vorliebe erzählte sie lustige Dinge, wie sich die Schwestern gegenseitig Streiche spielten etwa oder wenn etwas Originelles passierte. Sie konnte herzlich darüber lachen und sich mitfreuen. In diesen Tagen ging ich, wie schon einige Male zuvor, in die Sakristei, um für Gisela eine heilige Messe zu bestellen. Nur der Herrgott konnte ihr Schicksal zum Guten wenden. Er war es auch, der uns die Kraft geben konnte, alles, wie es auch kommen sollte, einigermaßen zu ertragen. Davon war ich überzeugt.

Diesmal war die Punktion einen Tag später angesetzt, weil der 12. Tag ein Sonntag war. Am Donnerstag wurde jedoch angekündigt, daß die Punktion bereits am Freitag vorgenommen werde. Die Ärzte hatten im Blut etwas entdeckt, dem sie gleich auf die Spur gehen wollten. Um was es sich handelte, weiß ich heute nicht mehr, oder es ging damals schon unter. Frau Dr. Ambach hatte Dienst, also nahm sie die Punktion vor. Sie hatten sich entschlossen, diesmal zu stanzen, weil man da alles genauer sehen und auswerten konnte. Stanzen war allerdings noch schmerzhafter als die normale Punktion, denn dabei wurde eine 3 mm dicke Nadel in den Knochen gestoßen. Außerdem beherrschte dies nach Giselas Aussage nur einer richtig, und das war Dr. Schmidt. Entweder hatte Frau Dr. Ambach die Betäubung nicht abgewartet oder nicht die richtige Stelle getroffen, jedenfalls erzählte Gisela später, man habe sie bestimmt drei Zimmer weiter noch gehört. Frau Dr. Ambach brachte das Knochenmark persönlich ins Labor und blieb dabei stehen, bis sie das Ergebnis hatte. Normalerweise wurde es einfach nach einer gewissen Zeit abgerufen. Frau Dr. Ambach gab das Ergebnis telefonisch ins „Life" durch, eine Schwester sollte es Gisela sofort mitteilen.

Besagte Schwester – den Namen weiß ich nicht mehr – stürzte buchstäblich mit hochrotem Kopf zu Gisela ins Zelt und rief: „Gisela! Stell dir vor, es hat geklappt", und umarmte sie. „Dann", so erzählte Gisela, „habe ich fast eine Stunde lang nur noch geweint." Erst danach rief sie uns an. Den ganzen Tag war ich schon sehr gespannt. Ich hatte aber noch nicht mit ihrem Anruf gerechnet. „Hallo, Mama", klang es freudig aus dem Hörer. „Stell dir vor, es hat geklappt, und da sag mir noch einer, ein Freitag der 13. sei ein Unglückstag!" Es war tatsächlich Freitag, der 13. Dezember. Sie erzählte mir, wie der Tag im einzelnen verlaufen war. Angst, Sorge und Traurigkeit hatten also der Freude wieder Platz gemacht. An diesem Abend mußte ich noch schnell zur Kirche zur Vorbereitung der Adventsfeier, die am Sonntag stattfinden sollte. Unser Pfarrgemeinderatsvorsitzender kam auf mich zu, und ich überbrachte ihm gleich die guten Nachrichten. Er sagte: „Gleich als Sie zur Tür hereinkamen, habe ich Ihnen angesehen, daß etwas Gutes passiert sein muß."

Beim nächsten Besuch, der wieder mit Blutspenden verbunden war, war ich bepackt mit selbstgebackenen Plätzchen und Birnbrot. Für beide Stationen hatte ich einen großen Teller zusammengestellt. Die Schwestern und Ärzte von 3 I standen gerade im Gang, es war Visite. Schwester Julia konnte ich gerade noch den einen Karton in die Hand drücken, bevor er mir entglitt. „Teilt es euch", sagte ich dazu. „Au, vielen Dank", war die Antwort, und schon fielen sie alle über die Plätzchen her. Als ich später den leeren Karton wieder abholte, sagte Schwester Julia in ihrer herzhaften Art: „Sie, die Plätzchen schmecken vielleicht gut! Ich mußte sie gleich verstecken, die Ärzte hätten uns alle weggefressen." Auch die Schwestern im „Life" freuten sich über das kleine Mitbringsel und baten gleich um das Rezept vom Birnbrot. Gisela hatte ich zwar auch etwas mitgebracht, doch sie konnte nichts essen. In ihrem Mund hatte sich der gefürchtete Pilz breitgemacht. Es gab keine Stelle, die nicht wund gewesen wäre. Eine Schwester machte oft Überstunden, um Giselas Mund gründlich auspinseln zu können. Eine Zeitlang wurde sie sogar künstlich ernährt, damit sie sich nicht so plagen mußte. Auch der „Gymnastikmensch" kam täglich und machte sehr intensive Übungen mit ihr, damit ihre Muskeln und Gelenke nicht ganz verkümmerten. Zwei bis drei Schritte im Zelt hin und her, das war ihre ganze Bewegung. Gisela wartete sehnsüchtig auf das Ansteigen der Thrombozyten, denn dann konnte sie sich massieren lassen, das war sehr wohltuend für sie. Es war sicher, daß Gisela den Heiligen Abend und Weihnachten im Zelt verbringen mußte.

Dr. Schmidt ging gleich nach Giselas Transplantation in Urlaub. „Da bin ich schuld. Diese Komödie mit mir hat ihn ganz fertiggemacht", sagte Gisela. Er hatte sich aber trotzdem immer wieder nach ihr erkundigt. Als er kurz vor Weihnachten wieder auf Station kam, ging er sofort zu Gisela. Er gratulierte ihr und sagte immer wieder: „Ist das toll!" Er hatte das Zimmer schon verlassen, als er die Tür noch einmal öffnete, um die Ecke zu Gisela ins Zelt schaute und noch einmal sagte: „Ich finde das einfach toll!" Gisela sagte, als sie mir das erzählte: „Ich kann gar nicht beschreiben, wie der sich gefreut hat." Die Freude war ihm auch zu gönnen, denn er hatte seine ganze Kraft für diesen Erfolg eingesetzt.

Heiliger Abend

Am Heiligen Abend fuhren mein Mann und ich gegen Abend nach Ulm in die Klinik. Im Gang brannten schon die Kerzen am Christbaum. Eine eigenartige Stille breitete sich an diesem Abend in diesem Hause aus. Wie viele Menschen mußten den Heiligen Abend wohl fern ihrer Familie in dieser Klinik verbringen, unter Schmerzen, vielleicht sogar mit dem Tod ringend? Und wie viele gesunde Menschen daheim dachten an dieses Elend? Auch mir wäre es vorher nicht in den Sinn gekommen. Wir hatten Gisela nichts von unserem Kommen gesagt, so daß wenigstens unser Besuch eine kleine Überraschung für sie war. Einen schönen Weihwasserkrug aus Keramik hatte ich für sie gekauft. Gisela liebte Keramiksachen. „Ihr kommt heute noch", sagte sie, und man sah ihr die Freude an. Als ich ihr das kleine Geschenk gab, meinte sie: „Ihr braucht doch für mich nicht auch noch Geld auszugeben. Die Fahrerei hierher und die Telefonrechnung, das ist schon teuer genug." Ich sagte darauf aber, daß das eine mit dem anderen nichts zu tun habe und daß ich ihr nur eine kleine Freude machen wollte. Die kleine Wachskrippe, die ich von zu Hause mitgebracht hatte, stellte ich außerhalb des Zeltes auf, denn im Zelt war der Platz sehr begrenzt. So konnte Gisela ab und zu einen Blick auf das Kind in der Krippe werfen und Zwiesprache mit ihm halten – in jenem Kind, das da armselig und verlassen lag, ausgeliefert an die Menschen. Vielleicht konnte sie sich selbst in diesem Kinde wiederfinden. Gisela erzählte uns, daß gerade die Anja Scholz, eine andere Patientin, dagewesen sei, um sich bei ihr zu verabschieden. Sie durfte heim. „Das ist ja schön, wenn sie gerade am Heiligen Abend entlassen wird", sagte ich. „Schon, Mama, aber du mußt wissen, daß sie heim darf, weil es für sie keine Heilung mehr gibt. Sie bekommt jetzt nur noch Erhaltungstherapien!" Noch während sie so erzählte, begann im Klinikhof eine Bläsergruppe Weihnachtslieder zu spielen. Gisela hörte kurz auf – sagte aber nichts. Plötzlich ging die Tür auf, und eine vermummte Gestalt tauchte auf. Es war Schwester Julia. „Nur weil du es bist, Gisela! Ich geh' sonst nie ins ‚Life', ich hasse dieses Zeug!" Sie deutete auf Kittel und Mundschutz. Julia erzählte kurz, was auf 3 I alles los war und wer über die Feiertage beurlaubt worden sei. „Für mich ist nicht Weihnachten. Kunststück – in dieser Umgebung", sagte sie. Schwester Julia verabschiedete sich bald wieder, denn sie hatte Dienst. Gisela wollte von uns dann wissen, was ihre Geschwister für Geschenke bekommen würden und ob die Kleinen schon recht zappelig gewesen seien.

Nach etwa zwei Stunden verabschiedeten wir uns, denn zu Hause warteten die anderen Kinder auf uns. Am liebsten hätte ich Gisela mit heimgenommen. Was ich empfand, als ich sie so allein zurücklassen mußte, kann ich nicht beschreiben. Reiner war zu diesem Zeitpunkt schon unterwegs. Er wollte den Abend mit Gisela verbringen.

Inzwischen hatten die Buben den Stall gemacht, und wir konnten „Heiligabend" feiern – doch mit den Herzen waren wir nicht ganz dabei. Nach der Bescherung wollten Anita und Regina unbedingt Gisela anrufen. Sie mußten ihr doch erzählen, was ihnen das Christkind gebracht hatte.

Elisabeth und ihre zwei Kinder feierten dieses Jahr auch mit uns. Wir hatten die drei nach dem Scheitern von Elisabeths Ehe wieder bei uns aufgenommen. Es war einerseits ganz gut, daß Elisabeth da war, so konnte ich mich zu jeder Tageszeit auf den Weg machen, wenn der Anruf kam, daß wieder ein Blutspender gebraucht werde. Die Zeiten wurden immer von der Blutzentrale festgesetzt. Kurz nach Weihnachten begannen die Blutwerte zu steigen. Bis Neujahr sei absolute Risikozeit, hatte der Arzt gesagt. Bis dahin durfte also nichts an Gisela herankommen, aber sobald die Blutwerte stiegen, war die größte Gefahr gebannt.

Silvester im Zelt

An Silvester kam der Professor zu Gisela ins Zelt – gratulierte ihr und sagte: „Gisela, du bist nun einer von zehn Menschen auf der ganzen Erde, die überhaupt drei Transplantationen ausgehalten haben!" Er hatte schon einen Fototermin vereinbart, denn er wollte von Gisela Fotos machen lassen, die er auf Kongressen zeigen und damit demonstrieren wollte, wie gut man nach drei Transplantationen noch aussehen kann. Den Silvesterabend wollte Reiner wieder mit Gisela verbringen, also brauchten wir nicht hinzufahren. Wir feierten mit den Kindern, die daheimgeblieben waren – allerdings gedämpft. Es war einfach nicht möglich, so zu feiern wie sonst. Als es auf Mitternacht zuging und überall die Knallkörper zu krachen begannen, ging Hermann mit den Kindern auf die Anhöhe vor unserem Haus. Von dort kann man im weiten Umkreis das Feuerwerk beobachten und die Glocken läuten hören. Als die Glocken ertönten, ging ich zum Telefon, um Gisela anzurufen. Sie hob ab und sagte: „Mama, was meinst du, was mir gerade passiert ist. Dr. Schmidt hat mir heute ausnahmsweise erlaubt, ein Gläschen Sekt zu trinken. Reiner und ich standen am Fenster, um das Feuerwerk zu sehen, und als wir auf das neue Jahr anstoßen wollten, stieß ich an den schönen Weihwasserkrug von dir. Er ist auf den Boden gefallen und in Scherben gegangen. Mein Gott, stinkt mir das, ich kann mich gar nicht beruhigen! Hoffentlich bedeuten diese Scherben wenigstens Glück!" – „So einen Krug können wir doch wieder kaufen", versuchte ich sie zu beruhigen. Ich wünschte Gisela für das neue Jahr eine bessere Gesundheit, aber genausoviel Glück wie im vergangenen. Anschließend verkroch ich mich ins Bett und weinte. Was war das nur für ein Jahr gewesen? Mit ihm hatte Giselas Krankheit begonnen, Elisabeths Ehe war in die Brüche gegangen – und Gisela knapp am Tod vorbeigekommen. Einige Male hatte mich dieses Jahr an den Rand meiner Kräfte gebracht. Nun begann das neue Jahr. Was würde es uns bringen? Ich legte es in die Hand Gottes mit der Bitte, uns nicht mehr zuzumuten, als wir ertragen konnten.

Die Blutwerte stiegen weiter, aber mit ihnen auch die Leberwerte. Das war ein Zeichen dafür, daß die Leber geschädigt war. Die Giftkeule hatte also nicht nur die Antikörper getroffen. In der zweiten Januarwoche setzten die Ärzte die

Therapie gegen eine eventuelle Abstoßung ab. Denn die Gefahr, daß die Leber zerstört werde, war größer als die der Abstoßung.

Mitte Januar durfte Gisela das Zelt verlassen. Neunzig Tage Isolation waren zu Ende. Neunzig Tage totales Angewiesen- und Ausgeliefertsein. Neunzig Tage mit geschmacklosem, sterilisiertem Essen. Das erste, was Gisela sich wünschte, war ein Teller mit frischen Salaten. Sie wurde auf 3 I zurückgelegt und war wieder beweglich und frei. In Begleitung und warm angezogen durfte Gisela wieder in ihren geliebten Park. Das Ärzteteam auf ihrer Station war inzwischen ein anderes. Dr. Bayer ging nach Berlin, an seine Stelle kam Dr. Seidler. Dr. Adam kam auf Intensiv, und für ihn kam Dr. Baum auf die Station. Als sich Dr. Adam von den Patienten verabschiedete, sagte er: „Besuchen könnt ihr mich da drüben jederzeit, aber sonst will ich keinen von euch sehen!" Dr. Seidler war der einzige Mensch, den Gisela auf dieser Station nicht leiden konnte, und auch mir war er irgendwie unsympathisch.

Am 5. Februar war es dann wieder soweit. Die Ärzte hatten sich zur ambulanten Weiterbehandlung entschlossen, und Gisela wurde entlassen.

Beruhigte Heimfahrt

Sie verabschiedete sich so, wie man sich von guten Freunden verabschiedet. Auch ins „Life" ging sie natürlich. „*Life Island*" war für Gisela wirklich noch einmal zur Lebensinsel geworden. Frau Dr. Ambach hatte gerade Dienst. Sie fiel Gisela gleich um den Hals. Alle freuten sich mit ihr, daß es ihnen gelungen war, Gisela dem Tod noch einmal zu entreißen. Gisela hatte noch große Schwierigkeiten beim Essen. Die Speicheldrüsen arbeiteten nur minimal. Giselas Haut war gelblich-braun verfärbt, aber sonst machte sie keinen kranken Eindruck. Wir freuten uns natürlich, daß Gisela wieder bei uns war. Am Montag, dem 17. Februar, mußte sie wieder zur ambulanten Kontrolle in der Klinik erscheinen. Wir saßen kaum im Warteraum des Ambulanzgebäudes, als Udo erschien. „Hallo, Gisi! Wie geht's?" Er setzte sich eine Weile zu uns. Unter anderem fragte Gisela: „Wie geht's Doris?" Udo sah mich an und sagte: „Ich glaube ganz gut." – „Was heißt da, ich glaube?" – „Doris ist am Freitag gestorben!" – „Nein! – Und ich war so fest überzeugt, daß sie es doch noch schaffen würde! Arme Frau Star!" Frau Star war Doris' Mutter. Sie war in letzter Zeit Tag und Nacht bei ihrer Tochter gewesen. Doris war ein 16jähriges Mädchen und hatte lange – oder besser gesagt: immer wieder – mit Gisela im Zimmer gelegen. Nur unter größten Schwierigkeiten hatte man sie behandeln können, obwohl sie eine leichtere Art von Leukämie hatte als Gisela. Sie hatte auf alles und jedes reagiert, Heimweh bekommen, oder es kam sonst irgend etwas dazwischen. Als nur noch die Blutwerte abgewartet werden mußten, um Doris entlassen zu können, da bildete sich ein Abszeß im Kleinhirn, der entsetzliche Schmerzen verursachte. Dieser Abszeß war nun aufgebrochen, und Doris verblutete im Gehirn. Gisela hatte die Frage gestellt, die sie bei allen stellte, die vor ihr gestorben sind: „Wie ist sie gestorben?"

Während Gisela bei den Untersuchungen war, beobachtete ich die vielen Patienten, die hier aus und ein gingen. Welches Schicksal stand wohl hinter jedem einzelnen? Einige von ihnen kannte ich und unterhielt mich eine Weile mit ihnen. Eine Frau war darunter, die vor unserer Gisela transplantiert und als erste in Augsburg bestrahlt worden war. Sie galt als absolute Risikopatientin. Inzwischen konnte sie schon wieder ihre Hausarbeit erledigen, und außer zwei oder drei Speisen konnte sie alles essen. „Mich erinnert fast nichts mehr an die schlimme Krankheit", sagte sie zu mir. Eine Weile setzte ich mich in die Klinikkapelle. Hier herrschte absolute Ruhe, hier konnte ich meinen Gedanken freien Lauf lassen.

Ausgeglichen ging ich zu Gisela zurück. Bei den Untersuchungen war nichts Ungewöhnliches aufgefallen, also konnten wir beruhigt heimfahren.

Ein Fest mit Gisela

Am 22. Februar feierten Opa und Oma ihre Goldene Hochzeit. Gisela half bei den Vorbereitungen mit und steckte den Gästen die goldenen Sträußchen an. Es war schön, daß sie dieses Fest miterleben konnte. Sie hatte ihr langes, festliches Kleid angezogen und trug die Perücke, denn nach den starken Therapien waren ihr die Haare wieder völlig ausgegangen. Aber wer es nicht wußte, merkte es auch nicht. Im Gottesdienst las sie sogar mit Manfred und einem Cousin die Fürbitten. Ihr Teil war die Fürbitte für die Verstorbenen unserer Familie. Der Gottesdienst wurde auf Cassette aufgenommen, und so bleibt für uns Giselas Stimme festgehalten. Darüber bin ich froh – auch wenn es heute immer ein bißchen weh tut, wenn ich sie anhöre. Auch im Gasthaus war Gisela lustig und guter Dinge. Sogar ein Tänzchen mit Reiner hat sie gewagt. Eine Weile zog sie sich dann jedoch mit Reiner in dessen Wohnung zurück, um sich ein wenig auszuruhen, denn so viel Rummel war sie doch noch nicht ganz gewachsen. Es war ein schönes Fest für uns alle, auch für Gisela. Mir scheint, sie hat es besonders genossen nach der langen Zeit im Krankenhaus.

Woher die schlechten Werte?

Fünf Tage später jedoch fühlte sie sich nicht wohl und fror. Sie legte sich ins Bett, und gegen Abend hatte sie Fieber. Es blieb also nichts anderes übrig, als in der Klinik anzurufen. Bei der Entlassung hatte man ihr nahegelegt, sofort Meldung zu machen, wenn etwas Neues auftreten sollte. Sie solle morgen früh sofort kommen, hieß es jetzt. Die Zeit, in der sie wieder abstoßen konnte, war zwar vorbei, aber was hieß das schon! Was war das nur wieder? Es wurden sofort die üblichen Untersuchungen gemacht. Diagnose: Lungen-, Leber- und Gallenblasenentzündung, sehr schlechte Blut- und Leberwerte. Das bedeutete: der Kampf mußte aufs neue aufgenommen werden. Die Entzündungen hatte man mit Höchstmengen Antibiotika rasch im Griff, aber die schlechten Blut- und Leberwerte blieben. Zum Glück hatten sie den Herzkatheter noch nicht entfernt, so daß man sie weiterbehandeln konnte, ohne sie ständig stechen zu müssen. Es war bereits der zweite Katheter. Der erste war vor der ersten Transplantation abgebrochen. Das Wundspray, mit dem die Stelle, an der der dünne Schlauch in den Körper führte, täglich abgedeckt wurde, hatte das Material angegriffen. Man kann nur zweimal einen Herzkatheter einbauen, also hieß es jetzt, gut auf ihn aufzupassen. Nun ging das große Rätseln los: Woher die schlechten Werte? Die Ärzte konnten keine Erklärung finden. So begannen sie einfach zu probieren, doch auf nichts sprachen die Werte an. Man stellte fest, daß irgend etwas da war, was das Blut, sobald es gebildet war, wieder zerstörte – aber was? Das Knochenmark war in Ordnung und produzierte – darüber waren wir alle froh. Eine Blutprobe wurde nach München in ein Speziallabor geschickt, um es auf Aids untersuchen zu lassen, denn bei den Unmengen an fremdem Blut, das sie zusätzlich zu dem aus der Familie bekommen hatte, wäre eine Infizierung möglich gewesen. Sie bekam fast ausschließlich bestrahltes Blut (ein Beutel davon kostet 1000,– DM bis 1200,– DM), aber der Aidsvirus hält auch einer Bestrahlung stand. Der Befund kam negativ zurück, also hieß es weitersuchen. Dr. Seidler stand einmal ganz verzweifelt am Bett und sagte: „Gisela, sag mir bloß, was dir fehlt?" – „Sie sind gut, woher soll ich das wissen?" antwortete sie.

Am Südhang begann schon wieder der Frühling. In die

Natur kehrte das Leben zurück. Für Gisela war es der zweite Frühling in der Klinik. Christian, Giselas kleinen Neffen, mußte es sehr beeindruckt haben, daß Gisela während der wenigen Wochen, die sie daheim gewesen war, nicht gut essen konnte. Er saß einmal auf dem Tisch und blätterte in einem Kindergebetbuch. „Oma, vorlesen", sagte er, und ich las ihm ein Gebet vor. Er nahm mir jedoch das Buch aus der Hand und sagte: „Nein, so heißt! Lieber Gott, helf Gisela, daß heimkommt und esse kann!" Als ich Gisela das erzählte, strahlte sie über das ganze Gesicht und sagte: „Mein Gott, ist das lieb!" Sie mochte Elisabeths Kinder (2 und 3 Jahre alt) sehr gern. Fast jedesmal, wenn ich sie besuchte, erkundigte sie sich danach, was die Kleinen wieder dazugelernt und angestellt hätten. „Die zwei sind einfach süß", sagte sie immer. Gisela war sehr kinderlieb und mußte sich jetzt damit abfinden, daß sie mit höchster Wahrscheinlichkeit keine Kinder mehr bekommen konnte. Der Arzt, der die Bestrahlung in Augsburg geleitet hatte, hatte aber gesagt, daß einige Frauen der Wissenschaft ein Schnippchen geschlagen und doch ein Kind zur Welt gebracht hätten.

Unruhiger Erholungsurlaub

Schon im Januar hatte ich mich für den April zu einem Erholungsaufenthalt in Bayrischzell angemeldet. Ich hatte gehofft, daß Gisela bis dahin gesundheitlich einigermaßen wiederhergestellt sein würde und ich beruhigt wegfahren könnte. Jetzt war von gesundheitlicher Stabilisierung keine Rede. Es war bereits März, und am 1. April mußte ich fahren. Gisela konnte zwar in den Park gehen und auch sonst einiges unternehmen, aber nach Hause konnte sie nicht, bevor die Ursache der schlechten Blutwerte nicht gefunden und behoben war. Am Gründonnerstag besuchte ich sie das letzte Mal vor meiner Abreise. Wieder hatte ich ihr ein Osterkörbchen zurechtgemacht. Es war sicher, daß sie die

Osterfeiertage in der Klinik verbringen mußte. Wir vereinbarten, während meines Aufenthalts in Bayrischzell oft zu telefonieren. Mit gemischten Gefühlen trat ich diesen so dringend notwendigen Erholungsurlaub an. In der letzten Zeit hatte ich gespürt, daß meine Kräfte langsam zu Ende gingen. Die Sorge und die quälende Ungewißheit mußte ich allerdings mitnehmen. Man kann so etwas nicht einfach zurücklassen wie ein paar alte Schuhe.

Die erste Woche hatte ich mit den üblichen Schwierigkeiten der Umstellung zu kämpfen und mußte immer wieder Giselas Krankengeschichte erzählen. Zum Glück war meine Zimmerkollegin – es war meine Nachbarin – sehr ruhig. Außerdem konnte ich mich in die Privaträume meiner Freundin, die dort Heimleiterin ist, zurückziehen. Mit ihr konnte ich darüber reden, wie mir wirklich zumute war. Mit den anderen Frauen konnte und wollte ich das nicht. Gisela und ich telefonierten jeden zweiten Tag miteinander. Am ersten Sonntag rief sie mich dann von zu Hause an. „Dieses Wochenende durfte ich heim, um mich ein wenig zu erholen", sagte sie. „Meine Blutwerte sind zwar hundsmiserabel, aber ich habe vorher noch Blut bekommen. Stell dir vor, meine Granulozyten (Blutgerinnungsstoff) liegen bereits unter der Überlebensgrenze. Die paar, die ich noch habe, müssen also sehr gut sein!" Ganz so schlecht konnte es doch nicht aussehen, wenn die Ärzte sie übers Wochenende heimließen, versuchte ich mich zu beruhigen. – Doch es dauerte nur drei Tage. Am Mittwoch war Abendmesse in Bayrischzell. Davor rief ich Gisela noch an. „Hallo, Mama", meldete sie sich. „Ich hätte dich heute schon noch angerufen, denn jetzt muß ich es dir schon sagen – ich werde morgen operiert!" – „Was wirst du?" – „Operiert – die Milz wird entfernt, denn die Ärzte vermuten, daß sie es ist, die aufgrund der zwei Bestrahlungen Schwierigkeiten macht." Wie erstarrt stand ich in der Telefonzelle, und mein Herz klopfte bis zum Hals. „Wie wollen sie dich denn operieren, wenn du doch kaum noch Granulozyten hast", war meine bange Frage. „Mach dir keine Sorgen, Mama! Die Ärzte haben vierzig Beutel Granulozyten bestellt, die mir notfalls während der Operation zugeführt werden. Es kann nichts passieren, Mama!" Für den nächsten Tag wünschte ich ihr alles Gute und versprach, im Gottesdienst fest an sie zu denken. Gisela verabschiedete sich: „Tschüß, Mama. Ich melde mich, sobald ich kann!" Mein Gott, wenn das nur gutging. Ich war wie vor den Kopf geschlagen. Ich ging noch schnell zu meiner Freundin in die Küche und sagte ihr, daß Gisela am nächsten Tag operiert werden und ich jetzt in die Kirche gehe. „Ich komme mit dem Auto nach und helf' dir beten", sagte sie. Es war eine halbe Stunde Fußweg bis zur Kirche. Ich stapfte im Schnee an der Bahn entlang – der Winter war noch einmal zurückgekehrt. Es war eine herrliche Winterlandschaft, aber ich konnte mich nicht recht daran freuen, obwohl ich abendliche Wanderungen im Schnee sonst so liebe. Meine Gedanken drehten sich im Kreis. Ich saß dann zwar in der Kirchenbank, war in Gedanken aber im Krankenhaus bei der Operation. Vor meinem geistigen Auge sah ich die entsetzlichsten Bilder entstehen. Nur mit Mühe konnte ich dem Gottesdienst folgen. All meine Sorgen und Ängste, die ganze Last habe ich an diesem Abend vor meinen Herrgott getragen. Nur er allein konnte alles noch einmal zum Guten wenden. Als am Schluß das Lied „Meerstern, ich dich grüße, o Maria, hilf" gesungen wurde, brachte ich kein Wort und keinen Ton über die Lippen. Ich fuhr mit meiner Freundin im Auto zurück. Sie machte mir noch eine Tasse Beruhigungstee, aber es war trotzdem eine unruhige Nacht für mich.

Am nächsten Tag dann Hoffen und Bangen. Soweit es möglich war, ging ich den anderen Frauen aus dem Weg. Ich wollte allein sein. Nach dem Abendessen nahm ich meinen ganzen Mut zusammen und rief in der Klinik an. Dr. Seidler war am Apparat. Auf meine Frage, wie Gisela die Operation überstanden habe, sagte er: „Wie es ihr im Moment geht, weiß ich nicht, weil sie ja noch auf der Wachstation liegt, aber die Operation selbst hat sie auf jeden Fall gut überstanden!" Das genügte mir fürs erste. Ein großer Stein fiel mir vom Herzen.

Zwei Tage später versuchte ich es über die Nummer an ihrem Bett, und Gisela hob ab. „Noch keine halbe Stunde liege ich wieder in meinem Bett, es geht mir aber schon recht gut. Etwas müde bin ich noch, und mein Bauch tut weh, dafür bin ich jetzt aber 25 000,– DM mehr wert, denn Blut in ungefähr diesem Wert ist während der Operation in mich hineingelaufen!"

Nun war ich schon fast zwei Wochen im Urlaub, aber zur Ruhe war ich noch nicht gekommen – wie sollte ich auch. Nun, eine gute Woche hatte ich ja noch, und etwas beruhigter konnte ich jetzt sein. Nun war ich gespannt, was die Blutwerte machten. Einige Tage nach der Operation sagte Gisela voller Freude: „Sie steigen – sie steigen!"

Die Therapie wird wieder aufgenommen

Doch schon am Tag darauf: „Nichts war's, meine Werte sind wieder im Keller!" Bei der Milzoperation hatte man auch eine Leberprobe entnommen, um endlich zu sehen, was mit der Leber los war. Schon vorher hatte man von einer Leberpunktion gesprochen, doch das war den Ärzten dann doch zu gefährlich gewesen wegen des fehlenden Blutgerinnungsstoffes. Dafür hatte sie jetzt eine Narbe von 25 cm quer über dem Bauch. Die Leberprobe brachte es dann an den Tag: Gisela hatte doch die chronische Abstoßung, wie sie die Ärzte schon länger vermutet hatten. Es fehlten allerdings bestimmte Symptome, und aufs Geratewohl konnten sie bei ihr nicht mehr therapieren, dazu war ihr Körper schon viel zu angegriffen. Chronische Abstoßung bedeutet, daß nicht der Körper sich gegen das fremde Knochenmark, sondern das Knochenmark sich gegen den fremden Körper wehrt und dabei ganz speziell die Leber angreift. Daher also die schlechten Werte! Das hatte mir Gisela allerdings erst erzählt, als ich sie wieder besuchen konnte. Einen Tag nach meinem Urlaub war ich gleich zu ihr gefahren. Als ich in ihr Zimmer trat, erschrak ich: „Ja, wie siehst du denn aus?" Sie hatte am ganzen Körper eine dunkelbraun gefleckte Haut. Sie sagte, daß das von der Leber komme, und erzählte mir dabei auch die Sache mit der Abstoßung. Als Schwester Julia zum Bettenmachen kam, ging Gisela auf die Toilette. Als sie das Zimmer verlassen hatte, sagte ich so vor mich hin: „Mein Gott, Mädchen! Was soll das noch werden?" Darauf Schwester Julia: „Für mich ist das sowieso ein Wunder. Ich habe noch nie erlebt, daß ein Mensch so viel ausgehalten hat, aber ich habe auch noch nie erlebt, daß es einem so dreckig ging!" Gisela fragte mich dann, ob ich mich wenigstens ein bißchen erholt habe. „Noch merke ich nicht viel davon", sagte ich. Und Gisela: „Kunststück, du bist aus einer extremen Situation fortgegangen und wieder in eine solche zurückgekommen, und dazwischen habe ich dir auch keine Ruhe gelassen. Aber vielleicht hat der Urlaub doch wenigstens Schlimmeres verhindert!" Damit hatte sie sicher recht. Kurz bevor ich ging, kam Schwester Julia wieder: „Bist du nachher da? Wir wollen nämlich dann mit der Therapie beginnen!" – „Die schenk' ich euch", sagte Gisela fast zornig. „Gisela", sagte Julia und nannte einen sehr hohen Geldbetrag, den diese Therapie wieder kosten würde. „Ja, ich hab's schon gesagt, ich schenk' sie euch, ich will sie gar nicht!" – „Gisela, sei doch vernünftig, es ist deine Chance – deine einzige!" Ich versuchte Gisela abzulenken, indem ich ein anderes Thema anschnitt, war aber außerstande, sie irgendwie zu trösten. Es wurde also jene Therapie gegen die Abstoßung wieder aufgenommen, die im Januar abgebrochen worden war.

Nach diesem Besuch sagte Schwester Julia zu Gisela: „Du, deine Mutter sollte sich unbedingt einmal erholen!" – „Da kommt sie ja gerade her", war Giselas Antwort, „aber wie soll sie sich denn erholen in dieser Situation?"

„Übrigens", sagte Gisela zu mir, als sie mir das später erzählte, „Schwester Julia bewundert dich, sie hat mir das schon einige Male gesagt." Aus welchem Grund sie mich bewunderte, wußte ich nicht.

Der Besucherstrom hatte inzwischen nachgelassen. Nur wenige tauchten immer wieder einmal auf. Dazu gehörte auch Frau Stamm. Jedesmal, wenn sie Gisela besucht hatte, rief sie mich an. Sie beurteilte Giselas Gesundheitszustand ausschließlich danach, wie sie aussah und wie es um ihrem Humor stand. Zu den Unentwegten gehörte natürlich auch Reiner. Er hatte – außer Kegeln – alles aufgegeben, um jede freie Stunde bei seiner geliebten Gisela sein zu können. Jeden Wunsch las er ihr buchstäblich von den Augen ab.

„Was habt ihr schon für eine Ahnung von Freiheit!"

Am 1. Mai kam Onkel Georg wieder einmal vorbei. Er sagte, er würde ihr gern noch einmal das Sakrament der Krankenölung spenden. Er habe alles dabei, und vielleicht habe es noch einmal die gleiche Wirkung wie damals bei der schweren Lungenentzündung. Gisela war es recht, und es hatte den Anschein, als gehe die Genesung in den Tagen danach tatsächlich schneller voran. Die Katholische Landjugend bereitete gerade einen Jugendgottesdienst zum Thema „Freiheit" vor. Sie brachten Gisela einen ersten Entwurf, zur Beurteilung und Ergänzung. Gisela war Mitglied der Runde und fast immer an den Vorbereitungen beteiligt. Wie dieser Entwurf ausgesehen hat, weiß ich nicht. Ich weiß nur, daß Gisela die Vorsitzende, die auch ihre Freundin war, angerufen und zusammengeschimpft hat. „Warum denn immer so pessimistisch! Was habt ihr schon für eine Ahnung von Freiheit! Ihr wißt doch gar nicht, was frei sein bedeutet!" Gisela wußte es, und es wurde ein schöner Gottesdienst.

Was wie eine rasche Genesung ausgesehen hatte, entpuppte sich als purer Schein. Man konnte fast zusehen, wie Gisela abmagerte und immer schwächer wurde. Schon zweimal hatte man von baldiger Entlassung gesprochen, doch die Leberwerte waren immer noch gleich schlecht, und auch Blut bekam sie ständig. Es kam der Vatertag und drei Tage später der Muttertag. Gisela wurde so auf die Medikamente eingestellt, daß sie über diese Tage nach Hause konnte. Am Mittwochnachmittag konnte ich sie schon abholen. „Aber nicht vor halb vier", sagte sie. „Schwester Maria nimmt mich nämlich mit zu einem Stadtbummel." Maria war so etwas wie ihre Lieblingsschwester. Die beiden schenkten sich dann und wann kleine Aufmerksamkeiten. Kurz vor vier Uhr war ich dort. Die Zimmerkollegin – eine Türkin, die gerade zwei Monate in Deutschland war, als sie Leukämie bekam – sagte: „Gisela nicht hier, Gisela spazieren!" – „Ich weiß schon", sagte ich und ging zum Fenster, um hinauszuschauen. „Nicht da spazieren! Stadt spazieren", sagte sie. „Ich weiß", sagte ich und begann ihre Wintersachen ins Auto zu transportieren. Schon am Telefon hatte Gisela gesagt, daß sie alles, was sie nicht mehr brauchte, mit nach Hause nehmen wolle. Die Kiste mit der Früchtemilch war auch schon wieder leer, denn das war momentan ihr Hauptnahrungsmittel. Sonst bekam sie Wunschkost. Schwester Julia beriet sie dabei immer und achtete darauf, daß sie wenigstens ein bißchen davon aß.

Es war schon nach halb fünf, als die Tür aufging und eine total erschöpfte Gisela hereintaumelte. Sie hielt sich überall fest und ließ sich dann in ihr Bett fallen. „Mama, du hast nicht zufällig 90,– DM dabei? Ich war nämlich einkaufen und habe kein Geld mehr, dafür 90,– DM Schulden. Schwester Maria hat es mir geliehen!" Dann erzählte sie, was alles in den Tüten war, die Maria für sie geschleppt hatte. Ihre Kaufwut in letzter Zeit gefiel mir überhaupt nicht, denn früher sagte man immer, es sei ein schlechtes Zeichen, wenn Kranke plötzlich einen Kaufdrang bekämen. „Nun haben wir schon so spät", sagte sie. „Das ginge ja noch, jetzt bekomme ich erst noch Blut!" Der Pfleger Michael kam und sagte, daß das Blut immer noch nicht da sei. Gisela begann zu schimpfen. „Jetzt weiß man schon seit heute morgen, daß ich Blut brauche, weil ich heim darf, das ist doch der Gipfel!" Das Blut kam und kam nicht. „Mama, du tust mir leid", sagte Gisela. „Wieso tu' ich dir leid? Ich sitze doch im Trockenen", sagte ich, denn inzwischen ging ein heftiges Gewitter über der Stadt nieder. „Es ist nur gut, daß ich dich abhole. Vaters Geduld wäre schneller am Ende", sagte ich. Endlich – das Blut kam. Allerdings war es schon acht Uhr abends. Es waren noch dazu Thrombos, die sehr langsam durchliefen. Es wurde fast zehn Uhr, als wir endlich aufbrechen konnten. Mir machte das Fahren durch die nächtliche Stadt, die vielen reflektierenden Lichter auf den regennassen Straßen große Schwierigkeiten. Zu Hause hatten wir Bescheid gesagt, daß es spät werde. Bei der Heimfahrt ließ ich mir viel Zeit, denn es war ohnehin schon sehr spät. Als wir ankamen, sagte ich Gisela, sie solle nun schnell in ihr Bett schlüpfen. „Das geht nicht", sagte sie. „Nun muß ich noch eine ganze Menge Medikamente einnehmen." Zum Teil mußte sie sie mischen. Mir graute schon, wenn ich die Unmengen von Tabletten auch nur sah. Ich war todmüde, wollte Gisela aber nicht allein lassen. Sie erzählte noch dies und das, war aber auffallend langsam, so daß ich noch eine ganze Stunde aushalten mußte, bis ich endlich auch zu Bett gehen konnte. Ihr Zimmer lag neben dem unseren. „Melde dich, wenn du nachts etwas brauchst", sagte ich, als ich ihr eine gute Nacht wünschte.

Gisela war sehr schwach. Wir konnten sie nirgends mehr allein lassen, weil sie immer wieder die Kräfte verließen und dann einfach zu Boden fiel. Inzwischen mußte sie fast ständig eine Sonnenbrille tragen. Sobald sie ins Licht sah oder nur gegen eine weiße Wand oder Bettdecke, schmerzten ihre Augen. Gisela blieb die meiste Zeit im Bett. Während sie im Bett lag, räumte ich ihr Zimmer auf. Sie hatte im Februar, als sie entlassen worden war, begonnen, das ganze Zimmer umzuräumen. Alle Geschenke – und es waren viele – wollte sie gut sichtbar in ihrem Regal unterbringen. „Jedes Stück möchte ich sehen", hatte sie damals gesagt, hatte es aber nicht mehr fertiggebracht, ehe sie wieder ins Krankenhaus mußte. So stand alles in Kartons herum. Schließlich wußte ich ja nicht, wie sie es haben wollte. „Die Bastelsachen brauchst du momentan nicht, die bringe ich in den Dachboden", sagte ich und räumte sie weg. Am Samstag bekam sie Besuch von einer Bekannten unserer Familie, die sie auch öfter in der Klinik besucht hatte. Damit Gisela nicht die Treppe heruntergehen mußte, führte ich die Bekannte zu ihr ins Zimmer.

Am Sonntag war dann Muttertag. Ich hatte mich sehr gefreut, daß unsere Familie an diesem Tag wieder vollständig war, auch wenn Gisela die meiste Zeit im Bett lag oder zwischendurch mit Reiner im Garten saß. Mit Reiner wollte sie am Abend ausgehen. Wie konnte sie das Reiner nur zumuten: Ein braungeflecktes Gesicht, Sonnenbrille, Strohhut, bis auf die Knochen abgemagert und nicht imstande, allein zu gehen. Reiner schien das jedoch nicht zu stören. Er wollte mit ihr in ein Café. Bevor sie gingen, brachte mir Gisela ihr Geschenk, hübsch in Folie eingepackt. „Du hast es mir ganz schön schwergemacht", sagte sie. „Meine ganzen Bastelsachen hast du weggeräumt, und ich habe sie doch dazu gebraucht. So mußte ich immer wieder Lisa losschikken, die Sachen zu suchen!" Wie konnte ich das wissen! Mir war nur aufgefallen, daß sie, wenn ich ihr Zimmer für eine Weile verlassen hatte, etwas geschrieben haben mußte, weil ihr Schreibzeug immer wieder auf dem Tisch lag. Als ich die Folie von ihrem Geschenk entfernte, erschrak ich. Auf einem zusammengefalteten Karton hatte sie ein schönes Foto von sich befestigt, das gleiche, das sie in ihrem Führerschein hatte, nur vergrößert.

Einen Tag bevor sie damals nach Ottobeuren ins Krankenhaus gekommen war, hatte sie mir ihren Führerschein gezeigt. Da sah ich zum ersten Mal dieses Bild. Es gefiel mir sehr gut, und ich fragte sie, ob sie es für mich nicht nachbestellen könne, vielleicht etwas vergrößert. Sie sagte darauf nur: „Falls du einmal so ein kleines Foto von mir brauchst, da muß bei mir noch irgendwo eines herumliegen!" Damals ahnte ich schon, daß sie dabei an ihr Sterbebildchen dachte. Nun hatte Reiner es in ihrem Auftrag vergrößern lassen. Um das Bild herum stand in schöner Zierschrift: Zur Erinnerung an Vatertag und Muttertag 1986. Und das Ganze war eingerahmt mit einem schwarzen Rand. Dieser Rand war es, der mich so schockierte. Auf die Innenseite hatte sie ein hübsches, kleines Trockenblumensträußchen geklebt. Darunter stand:

„Gott schütze und behüte euch."

In diesen Karton hatte sie eine Spruchkarte geklebt. Der Text von Max Rößler lautete:

„Wo Leben in Glaube und Liebe geschieht,
erblüht noch das Wunder:
das Leid wird zum Lied."

Ein Abschiedsbrief?

In die Spruchkarte hatte sie geschrieben:
„Liebe Eltern!
Nur ein kleines Dankeschön, denn was Ihr bisher für mich getan habt, dafür reicht mein Dank bestimmt nicht aus.

Wenn ich auch oft gedacht habe, andere hätten es besser, oder wenn mir dieses oder jenes einfach nicht gefallen hat, dann war es für Euch wohl nicht leicht, soviel Geduld für mich aufzubringen.

Erst jetzt kann ich erkennen, was für gute, wertvolle Eltern ich habe.

Wieviel Kraft Ihr für mich aufwendet. Gerade durch meine Krankheit erfahre ich, wie wichtig eine Familie ist, die für einen da ist, die einem Kraft gibt und hinter einem steht.

Ohne diese Kraft hätte ich das ganze bestimmt nicht so weit geschafft.

Ich weiß, daß ich Euch große Sorgen mache. Ich danke Gott dafür, daß Ihr das alles auf Euch nehmt. Er möge Euch viel Kraft geben und noch lange Zeit stärken und behüten.

Aber wie gesagt, nur ein kleines Dankeschön, viel zuwenig, für all die Liebe von Euch, wirklich wunderbare Eltern.

in Liebe Eure Gisela"

Was bedeutet dieser Brief? Sollte es etwa ihr Abschiedsbrief sein? Eine Weile war ich wie erschlagen. Vorerst legte ich ihn beiseite, denn die Kinder waren noch alle da, und ich wollte ihn doch noch einmal in Ruhe lesen. Als ich zu Bett ging, nahm ich den Brief mit. Auch nach nochmaligem Lesen kam ich von dem Gedanken – „Abschiedsbrief" – nicht los. Andererseits freute ich mich sehr darüber.

Die Heckenrosen an der Autobahn

Am nächsten Morgen brachte ich Gisela wieder in die Klinik nach Ulm. Während der Fahrt sprachen wir noch einmal über die vergangenen Tage, und Gisela sagte: „Leider konnte ich heuer kein vernünftiges Geschenk für dich besorgen!" Darauf sagte ich: „Gisela, dieser Brief freut mich mehr, als wenn du einige hundert Mark ausgegeben hättest.

Es freut mich vor allem, daß du zur Einsicht gekommen bist, daß ihr nicht gerade das schlechteste Elternhaus habt und daß man es gut mit euch meint." – „Ach weißt du", sagte sie, „man hat halt so eine spinnige Zeit. Momentan steckt unser Peter grad da drin!" Das war alles, was wir über diesen Brief sprachen – leider!

Wenn man einen Patienten abholen oder bringen mußte, durfte man nach Absprache an der Pforte in den Klinikbereich fahren. Ich fuhr Gisela bis vor die Türe von Haus 3. Am Eingang fragte ich Gisela, ob sie mit dem Fahrstuhl hinauffahren wolle. Sie sagte: „Nein, ich gehe die Treppe! Treppensteigen macht stark!" Sie schaffte aber nur drei Stufen, dann sackte sie zusammen. In diesem Moment kamen gerade zwei Schwestern zur Tür herein.

„Gisi", rief eine, „was machst du denn, du kannst doch diese Treppe nicht hinauf!" Blitzschnell hatten sie Gisela aufgehoben und führten sie zum Fahrstuhl. Als sie den Fahrstuhl wieder verließen, sagte eine der Schwestern: „Mach das nicht noch einmal!" Wir gingen mit ihr ins Zimmer, und als ich mich verabschieden wollte, sagte Gisela: „Ich gehe mit bis zur Treppe!" Dort zog sie aus ihrer Tasche eine kleine Rolle, eingepackt wie ein kleines Würstchen, gab es mir und sagte: „Mama, da hab' ich noch eine Kleinigkeit für dich!" Als ich es öffnete, kamen 200,– DM zum Vorschein. „Mama, das ist aber für *dich*", sagte sie fast im Befehlston. „Kauf dir etwas Schönes dafür. Weißt du, heute kann ich dir noch etwas geben, nächstes Jahr vielleicht nicht mehr. Wenn ich Sozialhilfe bekomme", hängte sie noch so ganz beiläufig an. Auf meinen Einwand, daß dies doch zuviel sei, sagte sie: „Nimm es, kauf dir was Schönes, und freu dich darüber!" Ich bedankte mich und sagte, daß mir bestimmt etwas einfallen werde, wofür dieses Geld gerade gut genug sei. Noch während wir beisammen standen, kam Dr. Seidler die Treppe herauf. „Ach, unsere ‚Schöne' ist ja auch schon da", und war auch schon wieder weg. Wütend sagte Gisela: „Schau, jetzt könnte ich ihm schon wieder eine runterhauen! Immer diese ironischen Bemerkungen. Der hat überhaupt kein Recht, so blöd daherzureden, nur weil er gesund ist und eine normale Hautfarbe hat!" – „Mach dir nicht so viel draus", sagte ich. „Du weißt ja, der Mensch redet nie dümmer daher, als er ist!" Das pflegte ich in solchen Situationen immer zu sagen.

Gisela hatte mir schon vorher einmal erzählt, daß sie Dr. Seidler zusammengeschimpft habe, weil sie immer extra nach bestimmten Blutwerten fragen mußte und diese dann oft nicht vorlagen. Als ich sie darauf fragte: „Wie redest du denn mit einem Arzt?" sagte sie: „Für mich ist ein Arzt kein kleiner Herrgott, sondern einer, der Arzt gelernt hat wie ein anderer ein Handwerk. Sollte er auch noch intelligent sein, kann er schließlich auch nichts dafür." Wir verabschiedeten uns an der Treppe, und ich ging zum Auto. Ich setzte mich ans Steuer und dachte nach. Was war das wieder für eine sonderbare Bemerkung? „Nächstes Jahr vielleicht nicht mehr." Ich legte Arme und Kopf aufs Lenkrad und weinte. Es dauerte ziemlich lange, bis ich losfahren konnte. Noch während der Fahrt mußte ich immer wieder mit den Tränen kämpfen. Hat Gisela etwa aufgegeben? – Fast sah es so aus. Die Heckenrosen an der Autobahn hatten schon wieder Knospen. Sie waren für mich immer ein Hoffnungszeichen gewesen. Durfte ich den Mut aufgeben?

Pfingsten zu Hause

In dieser Woche fuhr ich in die Stadt, um für Gisela einen bequemen Liegestuhl zu kaufen. Sie hielt sich so gerne im Garten auf, darum sollte sie es dort auch so bequem wie möglich haben. Auf dem Rasen blühte ein Meer von Gänseblümchen, und als ich ihn mähte, ließ ich einige größere Flächen davon stehen. Gisela liebte sie so.

Am darauffolgenden Wochenende war Pfingsten, und Gisela durfte wieder heim. Doch – wie sehr hatte sich ihr

Zustand in dieser Woche verschlechtert. Sie konnte nur noch trinken, war zum Essen zu schwach, und wenn sie redete, konnte man sie kaum noch verstehen. Noch am Sonntag zuvor hatte sie ganz schön gegessen. Nicht viel und sehr langsam, aber immerhin. Eine Weile lag sie im Garten, zusammengekauert in ihrem Liegestuhl. Von den vielen Gänseblümchen, von den Tulpen und allem, was da sonst noch alles sproß und blühte, schien sie kaum Notiz zu nehmen.

Sie erzählte, daß Udo sie jetzt jeden Tag mit dem Sitzwagen im Krankenhauspark spazierenfahre. Andere hätten ihn schon gefragt, was er denn da für eine „Neureiche" herumschiebe. Darauf habe Udo gesagt: „Das ist nur euer Neid, weil ihr es nicht so weit gebracht habt." Gisela mußte herzlich darüber lachen und sagte: „Kein Wunder, bei meinem fremdländischen Aussehen!" Mich hätte so etwas sehr gekränkt.

Am Pfingstmontag nahm Reiner sie mit zu seinem Bruder, um dessen Baby zu bestaunen, das vor wenigen Wochen geboren worden war. „Ich muß die Kleine unbedingt sehen", sagte sie. Reiners Mutter, die auch dort war, erzählte mir später, wie sehr sie alle bei Giselas Anblick erschrocken seien. Sie hätten sie kaum wiedererkannt. Das gleiche erzählte auch Giselas Arbeitskollegin, die für sie den Text in Zierschrift auf dem Muttertagsbrief geschrieben hatte. Sie sagte: „Ich glaube, wenn Manfred nicht dabeigewesen wäre, hätte ich Gisela gefragt, wer sie ist."

Am Abend des Pfingstmontags besuchte sie mit Reiner Elisabeth, die wegen einer Gallenblasenoperation im Krankenhaus lag. Reiner führte sie zum Fahrstuhl, die Treppen hätte sie nicht gehen können. Sie war sehr müde vom Besuch am Nachmittag. Anschließend brachte Reiner sie in die Klinik nach Ulm.

Am Dienstag hatten die Ärzte vor, eine Sonde zu legen, um sie mit Sondennahrung zu ernähren. Damit sollte sie wieder zu Kräften kommen. Schließlich wog sie nur noch 45 kg, und das bei einer Größe von 1,75 m. In den Tagen, in denen Gisela zu Hause war, wollte sie immer baden. Sie durfte nur noch Öl- und Cremebäder nehmen, weil ihre Haut trocken und angegriffen war von den Bestrahlungen und Therapien. Außerdem mußte sie sich täglich von Kopf bis Fuß eincremen und einölen. Ich machte ihr das Bad zurecht und half ihr in die Wanne. Am Wannenrand sitzend, unterhielt ich mich mit ihr. Als ich sie so liegen sah – nur noch Haut und Knochen –, zerschunden und zerschnitten durch die Operationen, dachte ich – nun fehlt nur noch das Kreuz! Als sie fertig war, rief ich meinem Mann, damit er sie wieder heraushob, denn mir war sie zu schwer.

„Selbst ist der Mann!"

Am Dienstag wurde ihr dann die Sonde gelegt, ein dünner Schlauch, der durch die Nase bis in den Magen geführt werden mußte. Weil sie das auf dieser Station nicht konnten – das gehörte normalerweise nicht zur Leukämiebehandlung –, forderten sie einen Spezialisten an. Dieser „murkste", so drückte es jedenfalls Gisela aus, ziemlich lange herum und brachte den Schlauch einfach nicht um die Ecke, die von der Nase in den Rachenraum führte. Gisela wurde das langsam zuviel und sagte: „Lassen Sie mich das machen", und sie legte die Sonde selbst bis in den Magen. Gisela sagte: „Ich hab' genau gespürt, wo es weh tat oder anstieß, und die – es war auch ein Arzt von der Station dabei – haben einfach drauflosgewurschtelt." Der Spezialist meinte danach nur, so etwas habe er noch nie erlebt.

Gisela bekam die sogenannte Astronautennahrung: ein Pulver, das mit Wasser angerührt werden mußte, im Beutel abgefüllt und ihr dann, von einem Computer gesteuert und dosiert, zugeführt wurde. Das Problem war, daß niemand auf der Station das Gerät und das Mischen richtig beherrschte. Die Folge: Schon am zweiten Tag war die Sonde verstopft und wurde, trotz Spülung, nicht mehr durchlässig. Sie mußte also wieder gezogen werden. Der Spezialist wurde wieder gerufen – aber auch gezogen hat Gisela sie selbst. Sie ließ sich von ihm nur erklären, wie sie es machen mußte und was zu beachten war. Als sie die neue Sonde bekam, fragte der Arzt gleich, ob sie es wieder selbst machen wolle. „Sowieso", sagte sie und legte sie, als hätte sie dies schon Hunderte von Malen gemacht. „Also", meinte der Spezialist, „wenn es wieder heißt, eine Sonde für Albrecht, dann schicke ich alles nur noch mit der Post." Gisela mußte trotz allem darüber lachen. „Denk dir doch einmal, wie peinlich das für ihn gewesen sein muß. Da wird man als Spezialist gerufen und darf dann nur zusehen, wie es der Patient selber macht."

Den Schwestern wurde noch einmal eindringlich Technik und Dosierung erklärt, und in den nächsten Tagen klappte es dann auch besser. Gisela war allerdings der Meinung, daß es besser sei, wenn immer nur eine Person der jeweiligen Schicht beauftragt sei, das „Ding" zu bedienen. So drehte jeder nach seinem Gutdünken daran herum. Schließlich sagte Gisela: „Die Schwestern wissen nicht mehr als ich, also stelle ich mir meinen Computer selber ein!" Sie ließ sich von Schwester Julia alles erklären und machte es nach dem Motto – „Selbst ist der Mann!" Versuchte jemand daran herumzudrehen, jagte sie ihn buchstäblich davon. Schon während der ganzen Behandlung hatte sie es so gehalten: Was sie selbst machen konnte, machte sie selbst.

Weinen ohne Tränen

Am Donnerstag der darauffolgenden Woche war dann Fronleichnam, wieder ein langes Wochenende, an dem Gisela heim durfte. Reiner hatte am Mittwoch seinen freien Tag, also holte er sie ab. Gegen Abend brachte er sie, samt Computer und Sondennahrung. Nach ihrer Anweisung rührte ich das Pulver an, füllte den Beutel damit, dann versuchten wir gemeinsam, das „Ding" in Gang zu bringen. Den Computer samt Beutel hatte Gisela umgehängt. Schon eine Stunde später stellte Gisela fest, daß nichts mehr lief. Die Sonde war wieder verstopft. Sie versuchte sie sofort mit einer Spülung wieder freizubekommen – doch vergebens. Daraufhin war ich fix und fertig. Hatte ich etwas falsch gemacht? Das bedeutete also – wieder zurück in die Klinik nach Ulm. Nun erlebte ich das erste Mal, daß Gisela der Verzweiflung nahe war. Sie stützte sich auf Reiner und weinte, weinte, weinte – ohne Tränen, denn sie hatte keine Tränen mehr. Alle Drüsen, die normal Flüssigkeit produzierten, waren außer Funktion. Wir berieten, was wir nun machen sollten. Meine Meinung war, daß es wohl am besten sein würde, gleich in die Klinik zu fahren. Gisela hatte sich inzwischen wieder gefaßt und sagte: „Jetzt ruf' ich einfach einmal an!" Michael war am Telefon. Er fragte, ob sie die Sonde wieder selbst ziehen würde, dann reiche es, wenn sie am nächsten Morgen komme. Wenn nicht, dann müsse sie – so leid es ihm tun würde – gleich kommen. „Die zieh' ich sowieso selber", sagte sie. Also durfte sie wenigstens diese Nacht dableiben. Reiner blieb noch lange bei ihr.

Am nächsten Morgen ging es also wieder in die Klinik. Manfred übernahm den Transport nach Ulm. Gisela meinte, es werde schnell gehen, schließlich habe sie ja schon fast Routine. Diesmal bekam sie eine andere Sonde, eine mit mehreren Löchern. Doch die hatte den Nachteil, daß sie an den Stellen, wo sich ein Loch befand, immer wieder knickte. Es wollte einfach nicht klappen. Alle standen um sie herum, und jeder gab ihr einen anderen Ratschlag, bis Gisela die Geduld riß: „Verschwindet alle, ich will keinen mehr sehen. Das klappt schon, wenn ihr mich in Ruhe laßt", sagte sie wütend. Alle außer Manfred gingen hinaus. Während Gisela den Schlauch langsam und ruhig schluckte, goß Manfred immer wieder Wasser hinein. So merkte sie sofort, wenn der Schlauch knickte, und siehe da

– in kurzer Zeit war die Sonde gelegt. Vier Stunden waren inzwischen vergangen, und es war schon Nachmittag, als sie wiederkamen. „Nun muß es einfach klappen", sagte sie. „Ich habe mir von einer Schwester die ‚Mischerei' noch einmal genau erklären lassen, und so machen wir es jetzt." Na hoffentlich, dachte ich. Es war eine nervlich ungeheuer belastende Situation für mich. Es wurde Abend, und Gisela mußte für die Nacht versorgt werden. Über ihrem Bett befestigten wir Computer und Nahrung. Der Beutel mußte etwas höher angebracht werden und durfte nie ganz leer werden, damit keine Luft in die Sonde kam. Ehe ich ins Bett ging, schaute ich noch einmal zu ihr herein und brachte ihr noch etwas zu trinken für die Nacht. Ich schärfte ihr ein, rechtzeitig Meldung zu machen, falls sie Hilfe brauche. In dieser Nacht tat ich kein Auge zu. Beim kleinsten Geräusch schreckte ich hoch. Als ich Schritte hörte, schoß ich buchstäblich aus dem Bett, um nach Gisela zu sehen. „Aber Mama", sagte sie, „leg dich doch hin und schlafe, du machst dich ja ganz fertig. Ich muß doch nur auf die Schüssel." Da hatte sie allerdings recht – ich war schon fast am Ende. In dieser Nacht überlegte ich, was ich wohl täte, wenn Gisela plötzlich sterben würde oder wenn man aus der Klinik anriefe – bei Tag – bei Nacht. Wenn man sie heimschicken würde zum Sterben – wenn ich dabei wäre – oder wenn ich zu spät käme. Alle Variationen dachte ich durch. Diese Gedanken ließen mich in der Nacht einfach nicht los. Am nächsten Morgen war ich wie gefoltert. Dabei war Gisela die ganze Nacht ruhig gewesen, und ich hätte ebenfalls ruhig schlafen können.

Gisela hatte ein Rezept für eine Spezialbrille mitbekommen, die Sie beim Optiker bestellen mußte. Wieder war es Manfred, der mit ihr in die Stadt fuhr, der sie ins Auto hob und wieder heraus, der sogar mit ihr durch die Stadt ging, um Sonnenhüte zu kaufen. Er war zu bewundern, denn Gisela war momentan wahrhaftig keine Schönheit, und noch dazu hatte sie den Schlauch in der Nase, der am Ohr mit einer Klammer befestigt war. Gleich vier Strohhüte brachte sie mit, und auf meine Frage, wozu sie denn gleich vier Hüte brauchte, sagte sie: „Zu jedem meiner Sommerkleider brauche ich den passenden Hut, das ist doch klar!" Gisela dachte an den Sommer und ans Ausgehen, und ich hatte in dieser Nacht ans Sterben gedacht. So weit ging unser Denken also auseinander. Als sie ihre Hüte vorgeführt hatte, legte sie sich wieder ins Bett und schloß die Nahrung an, von der sie eine bestimmte Menge über den Tag verteilt zu sich nehmen mußte. Wie ein kleines Häufchen Elend lag sie zusammengekauert in ihrem Bett und fror. Der kleine Stadtbummel war wohl ein bißchen zu anstrengend gewesen. Ich brachte ihr heißen Tee und eine Wärmeflasche. „Mir ist, als hätte ich Fieber", sagte sie und bat mich, ihr das Fieberthermometer zu bringen. Doch ihre Temperatur war normal.

Gisela hatte mich oft massiert, wenn ich unter Nackenschmerzen litt. Obwohl sie selbst schon so schwach war, fragte sie mich jetzt, ob sie mich massieren solle. Ich lehnte es ab mit der Begründung, sie solle doch ihre Kräfte schonen. „Mama, sag nur, wenn du es möchtest, ich mach' es gerne!" Sie wollte mir noch einmal diesen Liebesdienst erweisen, und es tat mir später leid, es abgelehnt zu haben. Abends war Reiner dann wieder lange bei ihr. Vom Krankenhaus war Gisela es schon gewohnt, spät einzuschlafen. Sie gab Reiner ihren Haustürschlüssel, damit sie liegen bleiben konnte, wenn er ging.

„Irgend etwas stimmt da nicht"

Nach der morgendlichen Stallarbeit schaute ich nach ihr. Gisela fühlte sich nicht wohl, und als sie gegen Mittag die Temperatur wieder gemessen hatte, hatte sie Fieber. Sie rief in der Klinik an, und da hieß es natürlich wieder: „Sofort kommen!" Diesmal brachte Hermann sie hin. Wir hatten uns schon darauf eingestellt, daß Gisela wieder im Krankenhaus bleiben mußte. In der Klinik mußte sie noch einmal Fieber messen. – Das Thermometer blieb unten. Hermann brachte sie also wieder mit, diesmal mit Infusionsständer. Ich hatte sie gebeten zu fragen, ob es nicht möglich sei, einen mit nach Hause zu nehmen. So konnten wir den Computer samt Nahrung stabil und sicher befestigen, und auch nachts stand er neben ihrem Bett. „Irgend etwas stimmt da nicht", sagte sie, als sie wiederkam. „Ich habe ständig das Gefühl, Fieber zu haben, und das Thermometer zeigt nichts an." Nun, ich war froh, daß sie wieder mit heim gedurft hatte trotz der Schererei mit der Sondennahrung.

Als ich am nächsten Morgen – es war Sonntag – nach ihr sah, war sie ganz aufgebracht und sagte: „Ich hab' es doch gewußt, 39° habe ich!" Das war nun doch die Höhe. Das hieß also, heute wieder in die Klinik. „Mama, ruf doch Reiner an, daß er mich hinfährt. Der fährt am Nachmittag dann sowieso, da wäre es doch dumm, wenn ihr jetzt fahren würdet." Ich war der Meinung, daß ich das doch nicht machen könne. Doch sie ließ nicht locker, also rief ich ihn an. Er sagte, daß er in einer guten halben Stunde da sei. Hermann fuhr mit den Kindern zur Kirche, und ich machte Giselas Sachen zurecht. Sie war sehr langsam im Denken geworden und brauchte ziemlich lange, bis sie wußte, was sie alles mitnehmen mußte und wollte. Als sie so überlegte, sagte ich zu ihr, daß ich schnell in die Küche müsse, um nach meinem Mittagessen zu sehen, das auf dem Herd stand. Darauf reagierte sie traurig. Wahrscheinlich wurde ihr bewußt, wie hilflos sie geworden war. Zu Reiner hatte sie gesagt, sie gehe gern wieder ins Krankenhaus, denn zu Hause falle sie nur zur Last. Das tat mir sehr weh, als er mir das später erzählte. Gisela war mir trotz allem nie eine Last, aber sie wußte, daß jeder Handgriff, den ich für sie tat, für mich zusätzliche Arbeit bedeutet hat. Während ich ihre Sachen zusammenpackte, sagte sie ziemlich ungeduldig: „Da muß doch noch irgendwo eine Karte mit Kuvert liegen, die ich den Kindern im Kindergarten schicken will. Ein Teil der Adresse steht schon drauf. Die muß unbedingt mit!" Schließlich fand ich die Karte und steckte sie in ihre Tasche. Auch ihren Fotoapparat wollte sie mitnehmen, damit sie von den Schwestern Fotos machen konnte. Ich beförderte alles zur Haustür und führte Gisela die Treppe hinunter. Sie wirkte sehr niedergeschlagen. Es war kein Wunder, nun, da ihre Kraft allmählich zu Ende ging.

Als Reiner kam und ihre Sachen samt Infusionsständer im Auto verstaute, lehnte sich Gisela gegen die Hauswand. „Setz dich doch auf die Bank", sagte ich zu ihr, sie stand ja direkt daneben. Gisela verneinte: „Weißt du, wenn ich mich setze und gleich wieder aufstehen muß, macht mein Kreislauf eine Weile nicht mehr mit. Da ist es besser, ich bleib' stehen. Du, eigentlich muß ich doch ein Herz haben wie ein Stier! Hat ein Stier eigentlich ein gutes Herz?" Das wußte ich nicht so genau. Reiner war inzwischen fertig, und wir verabschiedeten uns, natürlich wieder mit allen guten Wünschen.

Leise Hoffnung

Ich ging dann in meine Küche und mußte während des Kochens immer wieder mit den Tränen kämpfen. Was sollte das bloß noch werden? In den nächsten Tagen kämpften die Ärzte darum, das Fieber abzusenken, denn sie hatte wirklich Fieber. Sie war so mager, daß sie unter dem Arm eine richtige Höhle hatte und nicht mehr richtig messen konnte. Seit sie die Sondennahrung bekam, nahm ihr Gewicht aber langsam zu. Fünf Kilogramm sollte sie „zulegen", sagte der Arzt. Dann werde sie wieder so weit bei Kräften sein, daß sie selber essen könne. Das Fieber hatte sie wahrscheinlich aufgrund der allgemeinen Körperschwäche. Vorerst mußte Gisela nun auf jeden Fall im Krankenhaus bleiben, damit sie genau beobachtet werden konnte. Man wollte mit allen Mitteln auf eine baldige Entlassung hinarbeiten. Denn auch die Ärzte sahen, daß Giselas Kräfte allmählich zu Ende gingen.

In diesen Tagen telefonierte ich mit der Bekannten von uns, die Gisela am Samstag vor dem Muttertag besucht hatte. Ich erzählte ihr, daß es Gisela nicht gerade gutgehe und sie in der Klinik bleiben müsse. Darauf sagte sie zu mir: „Frau Albrecht, ich bin überzeugt, daß Gisela nun langsam ihrem Ende zugeht. Wer so eine himmlische Geduld besitzt wie eure Gisela jetzt, der hat schon in den Himmel geschaut. Am meisten hat mich erschüttert, wie Gisela bei meinem Besuch gesagt hat: ‚Wie kann ich Reiner nur beibringen, daß ich keine Frau mehr bin für ihn. Ich bleibe eine kranke Frau. Er war mir ein so lieber und treuer Begleiter, das macht es mir noch schwerer. Aber nur deshalb kann er doch keine kranke Frau heiraten.'"

Dieser Anruf machte mir sehr zu schaffen, obwohl ich inzwischen an Giselas Gesundung auch schon zweifelte.

Bei meinem nächsten Besuch erzählte sie mir, daß der Veix Andreas, ihr Klassenkamerad, sie besucht habe. „Dem geht es blendend, ich freue mich für ihn", sagte sie. Sie konnte sich noch für andere freuen, als bei ihr selber gar nichts mehr zu klappen schien. Andreas war als geheilt entlassen. Giselas Zustand hatte sich inzwischen etwas stabilisiert, und man konnte leise hoffen – jedoch nur hoffen.

Noch eine Operation

Am 16. Juni nachmittags rief sie an, um uns mitzuteilen, daß sie noch an diesem Abend operiert werde. Einer der Buben sagte es mir, als ich vom Feld kam. Ich erschrak sehr und ging sofort zum Telefon, um nachzufragen, was nun passiert sei. Sie erzählte mir, daß sie in der Nacht rasende Bauchschmerzen bekommen habe, die trotz normaler Schmerzmittel nicht nachgelassen hätten. In der Frühe habe man sie dann gleich mit Ultraschall untersucht und festgestellt, daß sie eine akute Gallenblasenentzündung habe und deshalb die Gallenblase sofort entfernt werden müsse. Schon bei der Milzoperation hatte man festgestellt, daß diese Operation fällig war. Die Gallenblase damals auch gleich zu entfernen hätte die Operation aber um mindestens eine Stunde verlängert, und dieses Risiko war den Chirurgen zu groß gewesen. Man wollte die Operation solange wie möglich hinauszögern, damit sich Gisela inzwischen etwas erholen konnte. Daß es so schnell akut würde, damit hatten sie nicht gerechnet. Nun also noch einmal eine Operation − wenn das nur gutging! Ich versprach Gisela, mich am nächsten Morgen sofort nach ihr zu erkundigen, und wünschte ihr viel, viel Glück. Es wurde eine unruhige Nacht. Als ich am Morgen wie versprochen anrief, hieß es, Gisela sei gerade auf dem Weg von der Wach- zur Intensivstation, weil sie Probleme mit der Blutgerinnung habe. Ihre Blutwerte waren noch immer sehr schlecht. Der Arzt sagte, ich solle mich im Laufe des Tages auf der Intensivstation melden. Das tat ich dann auch, nachdem ich immer wieder ziellos im Haus herumgelaufen war. Der dortige Arzt sagte: „Daß Giselas Zustand sehr ernst ist, werden Sie wissen. Ihre Leber sieht schlecht aus, aber die Blutgerinnung haben wir inzwischen im Griff. Das heißt allerdings nicht, daß sie über den Berg ist. Warten Sie einen Moment − ich geh' zu ihr und frage sie, wie sie sich fühlt, und sage ihr, daß Sie am Telefon sind." Gisela ließ ausrichten, daß sie sich recht ordentlich fühle. Wenn es anders gewesen wäre, hätte sie es auch nicht gesagt. Am darauffolgenden Tag kam sie schon wieder auf ihr Zimmer. Von dort aus rief sie mich an.

Ein Pullover bis Weihnachten

Am nächsten Tag fuhr ich zu ihr. Als ich die Tür zu ihrem Zimmer öffnete, erschrak ich. Gisela lag in einem Spezialbett und schlief. Die Rolläden waren heruntergelassen, denn es war sehr heiß. Ich mußte genau hinsehen, um zu erkennen, ob sie überhaupt noch lebte, denn sie sah ganz entstellt aus. Ihre Zimmerkollegin war anscheinend spazierengegangen. Vorsichtig weckte ich Gisela, indem ich ihr über die Hand strich. „Mama, du bist es! Jetzt habe ich gerade ein bißchen geschlafen. Weißt du, ich bin froh über jede Minute, die ich schlafen kann, denn es gibt hier nicht eine Stunde, in der man wirklich Ruhe hätte!" Nun tat es mir leid, sie geweckt zu haben. „Das macht doch nichts, du wirst doch nicht zu mir kommen, um mir zuzusehen, wie ich schlafe." Dann erzählte sie mir lachend: „Stell dir vor, als man mich in den OP einschleuste, ging gerade der Arzt vorbei, der mir den Herzkatheter herausgemacht hat. Er hat mich ganz erstaunt angeschaut und gesagt, was ich denn schon wieder bei ihnen wollte." Der Herzkatheter mußte entfernt werden, weil die Austrittstellen zu eitern begonnen hatten und teilweise mit den Blutgefäßen verwachsen waren. Eine Zeitlang mußte sie nun gestochen werden, und als das nicht mehr ging, wurde ihr am Hals ein „Iked" eingebaut. Gisela erklärte mir das Spezialbett und daß sie es bekommen habe, weil sie am Rücken Druckgeschwüre habe, die sehr schmerzhaft seien. Als Gisela auf den Stuhl mußte, hob ein Pfleger sie aus dem Bett, und so konnte ich ihren Rücken sehen – er sah schrecklich aus. Gisela konnte keinen Schritt mehr allein gehen. Eine Schwester kam, um ihren Rücken zu versorgen. Sie nahm sich viel Zeit dafür und schimpfte auf die Intensivstation, denn dort hatten sie nicht aufgepaßt. „Du Mama", sagte Gisela, „du könntest mir das nächste Mal die Wolle mitbringen, die ich mit Manfred in der Stadt gekauft habe." Sie wollte Reiner bis Weihnachten einen Pullover stricken. „Wenn ich jetzt anfange, werde ich es bis Weihnachten wohl schaffen." Die Sonde mußte wegen der Operation gezogen werden. „Das ist doch gemein, jetzt habe ich schon 3 Kilo zugenommen, und nun ist alles wieder futsch", sagte sie. Die Ärzte wollten es nun mit der normalen künstlichen Ernährung durch die Vene versuchen. Ich erzählte ihr, daß Frau Hoffmann inzwischen gestorben sei. Gisela hatte mir schon Mitte Mai einmal erzählt, daß sie verlegt worden sei, aber nicht weil es ihr gutginge, sondern zum Sterben. Sie hatte nach der Transplantation wieder Rezidiv, das heißt wieder Leukämie, und das bedeutete das absolute „Aus". Gisela sagte darauf nur: „Das habe ich mir schon gedacht."

Psychisch am Ende

Als ich Gisela das nächste Mal besuchte, war sie sehr gereizt. Sie saß auf der Bettkante und schimpfte: „Nun hab' ich schon vor einer ganzen Stunde gesagt, daß ich etwas zu essen möchte, aber die bringen nichts zusammen!" Da kam Schwester Julia: „Gisela, hast du dir jetzt schon überlegt, was du möchtest?" – „Etwas zu essen möcht' ich. Was – das ist mir scheißegal", sagte sie wütend. „Aber ich möchte dir doch etwas machen, was dir schmeckt! Magst du ein Steak und Bratkartoffeln oder etwas anderes?" – „Das ist mir egal – etwas zu essen möcht' ich!" Da griff ich ein und sagte: „Machen Sie ein Steak und Bratkartoffeln." So kannte ich Gisela gar nicht mehr. Ich versuchte sie zu beruhigen und sagte, die Schwestern hätten doch alle Hände voll zu tun, und man müsse doch würdigen, daß sie für einzelne Patienten sogar extra kochten. Doch alles Reden half nichts. End-lich brachte Schwester Julia das Essen. Ein wunderbares Steak mit Bratkartoffeln und Salat. Gisela aß ein paar Brat-kartoffeln und zwei oder drei kleine Stückchen vom Steak. Den Rest gab sie mir. Es konnte also nicht der Hunger gewe-sen sein, der sie so aggressiv gemacht hatte. Allmählich be-ruhigte sie sich wieder und fragte mich, ob ich ihre neue Zimmerkollegin kenne. Ich kannte sie nicht. Es war die Anja, die am Heiligen Abend nach Hause durfte, weil ihr nicht mehr zu helfen war. Ihr Freund und der Vater waren gerade da. Sie sah aufgedunsen aus und war sehr müde. Auch das eine Auge schien ihr nicht mehr zu gehorchen. Etwas später ging ich auf die Toilette und traf im Gang mit Schwester Julia zusammen. „Sie", sagte ich, „nun wird es, glaube ich, höchste Zeit, daß Gisela heim kann, sie verkraf-tet es allmählich nicht mehr!" – „Frau Albrecht", sagte Julia, „wir wissen das – Gisela ist psychisch am Ende. Was glau-ben Sie, wie böse sie seit ein paar Tagen zu uns ist. Wir neh-men es ihr aber nicht übel, kein Mensch hätte so lange durchgehalten. Ich habe heute schon ein ernstes Wort mit ihr gesprochen. ‚Gisela', hab' ich gesagt, ‚du weißt, daß wir alles für dich tun, aber wir haben noch eine Menge anderer Patienten und auch nur zwei Hände.' Wenn ich etwas sage, dann nimmt sie es meistens an. Ich muß mir zur Zeit genau überlegen, wen ich auf sie ansetze. Aber wie gesagt, es ist ohnehin ein Wunder, daß sie so lange durchgehalten hat. Mir fällt aber auf, daß es immer am schlimmsten ist, wenn der Reiner da war. Noch ist es nicht zu verantworten, aber wir arbeiten intensiv auf ihre Entlassung hin. Frau Al-brecht, ich rate Ihnen, daß Sie sich nach einer Pflegerin oder Hilfskraft umsehen, denn das wird einfach zu viel für Sie. Sie müßten doch jemanden bezahlt bekommen." Auf mei-nen Einwand, daß wir dies auch selbst bezahlen würden, weil wir die Dorfhelferin sowieso zu einem günstigen Tarif bekämen, sagte sie: „Frau Albrecht, das sehe ich gar nicht ein, denn ohne Hilfe schaffen Sie es nicht, und wenn wir sie hier pflegen, kostet es die Krankenkasse viel, viel mehr. Kommen Sie mit, wir gehen zu Dr. Seidler und fragen, ob er in dieser Beziehung etwas für sie tun könne." Sie nahm mich also mit zu Dr. Seidler. Er versicherte mir, daß er, wenn es soweit sei, eine Bescheinigung ausstellen könne. „Aber noch ist es nicht soweit", sagte er. „Es wird Ihnen auch aufgefallen sein, daß Gisela sehr langsam – auch im Denken – geworden ist. Das liegt an der katastrophalen Unterversorgung des Gehirns, und wir versuchen, dies durch die künstliche Ernährung so schnell wie möglich zu beheben. Das kommt schon wieder, aber es braucht seine Zeit. Ich würde Ihnen gern sagen, daß Gisela über den Berg ist, aber das kann ich leider nicht – noch nicht. Diese Operation hat sie wieder weit zurückgeschlagen und sehr geschwächt." Als ich durch das Stationszimmer ging, wartete Schwester Julia mit einem Ordner auf mich. Es war Giselas Krankenakte. „Schauen Sie hier her, die Leberwerte fallen endlich. Auch wenn sie langsam fallen – es ist ein gutes Zeichen. Solche Ordner haben wir von Gisela schon stapelweise."

Ich ging zu Gisela zurück. „Wo bist du denn steckengeblieben", fragte sie, und ich erzählte ihr, daß Schwester Julia mich zu Dr. Seidler gebracht habe wegen einer Hilfskraft. „Das glaube ich, das ist typisch Julia", sagte sie darauf. „Aber es wäre wirklich nicht schlecht für dich, sonst klappst du am Ende auch noch zusammen." Nun, so schnell würde ich nicht zusammenklappen, aber es ging mir um Gisela. Dann könnte ich sie mit Ruhe und Sorgfalt pflegen. Und wenn ich einmal eine Stunde einfach so bei ihr am Bett sitzen könnte, hätte sie bestimmt auch nichts dagegen. Gisela gab das auch zu.

Ein ungewöhnlicher Anruf

Am nächsten Tag rief sie mich am Nachmittag zu einer sehr ungewöhnlichen Zeit an. Sie erzählte ganz belanglose Dinge. Auf meine Frage, wie es Anja gehe, sagte sie nur, man könne das nicht so sagen. Als ich am Tag darauf mit ihr telefonierte, sagte sie: „Übrigens, als ich gestern mit dir sprach, ist Anja neben mir gestorben. Darum konnte ich deine Frage nicht so direkt beantworten." Nun war mir klar, warum Gisela mitten am Tage angerufen hatte. Sie mußte sich selbst ablenken, weil sie das Sterben ihrer Zimmer- und Leidenskollegin wahrscheinlich nicht mehr ertragen konnte. Anja war also schon einen Tag vor ihrem Tod das Auge gebrochen.

Bei meinem nächsten Besuch zeigte mir Gisela stolz das Stück, das sie an Reiners Pullover schon gestrickt hatte. Wir stellten aber fest, daß sie zu viele Maschen angeschlagen hatte. Ich fing noch einmal an und strickte noch ein Stück weiter, als sie zuvor gestrickt hatte. Gisela wollte dann selber weitermachen, und da ich mein Strickzeug auch dabei hatte, strickten wir eine Weile gemeinsam. Gisela wurde jedoch sehr schnell müde und konnte kaum noch die Maschen sehen, denn sie hatte heftige Sehschwierigkeiten. Ich gab ihr den Rat, doch noch zu warten, bis sie sich besser erholt habe. Weihnachten sei ja noch weit. „Da hast du wahrscheinlich recht, so hat es wirklich keinen Sinn", sagte sie. Ihr Pullunder, den sie im Zelt zu stricken begonnen hatte, war übrigens längst fertig und sehr hübsch.

Wieder auf der Intensivstation

Ihre neue Zimmerkollegin war wieder Michaela. Sie war ungefähr so alt wie Gisela (auch Anja war nur ein halbes Jahr jünger gewesen). Gisela und Michaela hatten vorher schon einmal ziemlich lange zusammengelegen. Michaela wurde gerade auf die Transplantation vorbereitet. Am 28. Juni, es war ein heißer Tag, wollte ich Gisela gegen Abend besuchen. Doch am Mittag kurz nach ein Uhr läutete das Telefon. „Universitätsklinikum!" Das bedeutete nichts Gutes. Ich wurde mit Schwester Sabine von 3 I verbunden. „Frau Albrecht", sagte sie, „wir haben Gisela heute morgen verlegen müssen. Sie hatte Schwierigkeiten mit dem Kreislauf, darum haben wir sie vorsichtshalber auf die Intensivstation gebracht. Gisela hat uns erzählt, daß Sie sie heute besuchen wollen. Vielleicht können Sie etwas früher kommen, damit sie nicht allein ist. Bis jetzt ist jemand von uns bei ihr geblieben. Es geht ihr auch schon besser, aber wir haben halt gedacht, wenn Sie sowieso kommen wollen ..." – „Das ist doch selbstverständlich", sagte ich und machte mich rasch fertig. So harmlos schien mir das alles nicht zu sein.

Eine halbe Stunde später war ich auf der Autobahn. Die unerträgliche Hitze im Auto und meine unbestimmte Angst – das zusammen gab mir kein gutes Gefühl. Wie würde ich Gisela wohl antreffen? Je näher ich der Klinik kam, um so heftiger schlug mein Herz. Der Gedanke, daß Schwester Sabine wahrscheinlich untertrieben hatte, ließ mich nicht mehr los. Mein Gott, was würde ich denn tun, wenn Gisela an diesem Nachmittag stürbe? Ich wäre wahrscheinlich gar nicht mehr imstande heimzufahren. Ich meldete mich, wie vereinbart, zuerst auf 3 I. Dr. Baum, ein netter und bescheidener Arzt, hatte gerade Dienst. Er erzählte mir, daß es am Morgen sehr dramatisch zugegangen sei. Giselas Herz hatte bereits stillgestanden. Inzwischen habe sich ihr Zustand aber wieder normalisiert und stabilisiert, er habe sich gerade nach ihr erkundigt. Er erklärte mir, wie ich am besten auf die Intensivstation komme und daß ich dort einfach läuten solle. Als ich auf die Glastür zuging, kam mir gerade ein Arzt entgegen und fragte mich, zu wem ich wolle. Ich nannte Giselas Namen, und er fragte, ob ich die Mutter sei. „Ja", sagte ich. „Gehen Sie bis zu dem ersten Strich am Boden, Sie werden dort abgeholt." Kurz darauf sah ich Gisela auch schon. Eine Schwester machte sich gerade an ihr zu schaffen. Nach kurzem Warten mußte ich wieder einmal die Intensivkleidung überziehen, bevor ich hineingehen durfte. „Was machst du denn für Sachen", fragte ich sie. „Ich habe mich vielleicht erschrocken!" – „Das glaub' ich dir! Aber ich habe mir gedacht, wenn du sowieso kommst, dann muß es nicht sein, daß von 3 I immer jemand da herumsitzen muß." Es war natürlich wieder Udo, der bei Gisela geblieben war. Sie erzählte mir dann, wie alles gekommen war. Wie ihr plötzlich am Waschbecken übel geworden war und sie dann einfach wieder im Bett lag. Dann habe sie erst wieder mitbekommen, wie die Schwestern mit ihr im Bett über den Klinikhof rannten, weil dieser Weg kürzer war als der normale. Auf der Intensivstation seien sie dann alle herumgerannt und sie habe gar keine Ahnung gehabt, warum eigentlich. Erst nach und nach habe sie mitbekommen, daß es wohl ziemlich knapp gewesen sein mußte. Gisela war an sämtliche Meßgeräte angeschlossen. Auf dem Monitor sah man jedoch, daß ihr Herz wieder gleichmäßig arbeitete. Ihr Zimmer lag zum Glück auf der Nordseite, so daß es von der Temperatur her sehr angenehm in dem großen Raum war, in dem außer Gisela noch andere Schwerkranke lagen, Männer und Frauen. Hier konnte man miterleben, wie hektisch es auf einer Intensivstation zuging. Ein Arzt kontrollierte bei Gisela alle automatischen Aufzeichnungen. Er meinte, daß sie, wenn sich nichts mehr veränderte, am Abend wieder auf 3 I zurückverlegt werden könne. Auf jeden Fall konnte ich wieder einmal beruhigter heimfahren, als ich hergekommen war. Gisela wollte uns nie belasten und verstand es, selbst bei so dramatischen Ereignissen wie denen von diesem Morgen, noch lustige Bemerkungen in ihre Erzählung einzuflechten, so daß sich das Ganze nicht mehr so schlimm anhörte.

Am nächsten Tag meldete Gisela sich wieder von 3 I, und es schien ihr relativ gutzugehen. Am Samstag nachmittag versuchte ich zweimal, sie anzurufen. Sie meldete sich nicht. Da konnte etwas nicht stimmen, denn sie war ja nicht in der Lage, das Zimmer ohne fremde Hilfe zu verlassen. Ich versuchte es später noch ein drittes Mal und wollte mich, da sie sich wieder nicht meldete, gerade mit der Station verbinden lassen, als Schwester Sabine sich meldete. „Frau Albrecht, Gisela hatte heute einen anstrengenden Tag und ist ziemlich erledigt." Sie fragte Gisela, ob sie etwas sagen wolle. Gisela meldete sich und sagte kaum verständlich: „Hallo, Mama! Ich bin ... so ... müde." – „Dann schlaf nur weiter", sagte ich, und schon meldete sich wieder Schwester Sabine. „Frau Albrecht, warten Sie einen Moment, ich verbinde Sie mit Dr. Baum." Es war also schon wieder etwas passiert. Dr. Baum sagte mir dann, daß Gisela eine Darmlähmung habe. So wie es im Moment aussehe, komme die Darmtätigkeit allmählich wieder in Gang. Was ihm aber noch mehr Sorgen bereite: Gisela habe wieder eine Lungenentzündung. Es stand also wieder sehr ernst um sie. Mein Gott! Was mußte mein Kind denn noch alles durchmachen und ertragen?

An einem der vergangenen Sonntage wurde am Ende des Gottesdienstes das Lied „O Vater der Barmherzigkeit, der nie verläßt die Seinen" gesungen. Während die anderen sangen, kämpfte ich mit den Tränen. Gisela schien er verlassen zu haben. Oder sah so Gottes Barmherzigkeit aus?

Es war Samstag, und ich fragte die Buben, ob sie nicht in die Klinik fahren und nach ihrer Schwester sehen wollten. „Klar fahren wir!" Vier unserer Buben und Elisabeth machten sich rasch fertig und fuhren los. Nach nicht ganz zwei Stunden waren sie schon wieder da. Nur weil sie Geschwister waren, hatte man sie kurz zu ihr gelassen. „Mein Gott! Das ist ja schrecklich, wie die da herumliegt", sagte Norbert. Sie schienen sehr betroffen und angegriffen. Am Abend ging Norbert tanzen, kam aber bald wieder zurück. „Ich habe es nicht ausgehalten, ständig sah ich Gisela vor mir", sagte er am nächsten Morgen.

„Alles noch einmal – nur das nicht mehr!"

Es war Sonntag – Schützenfest in dem Dorf, wo Georg Pfarrer ist. Hermann mußte mit der Schützenfahne dorthin. Eigentlich hatte ich ja vorgehabt mitzufahren. Jetzt aber war für mich ganz klar, daß ich in die Klinik fuhr. Wir vereinbarten, falls sich Giselas Zustand weiter verschlechterte, würde ich am Mittag bei Georg anrufen. Da an diesem Sonntag der Gottesdienst sehr früh stattfand, ging ich zuerst dorthin und brachte wieder einmal all meine Sorgen – und es waren diesmal große – zum Altar. Als ich aus der Kirche ging, traf ich mit Reiners Mutter zusammen und sagte ihr, daß ich sofort in die Klinik fahre, weil es Gisela sehr schlecht gehe.

Ich war höchstens eine Viertelstunde bei Gisela, da klopfte es, und herein kam Reiner. Er hatte noch im Bett gelegen, als seine Mutter heimkam und ihm erzählte, was passiert war. Wir trafen Gisela ziemlich erschöpft in ihrem Bett an. Sie fragte mich gleich, was die Buben erzählt hätten. Es müsse doch ein Schock für sie gewesen sein. „Ich stand so unter Schmerzmitteln, daß ich zu müde war zum Reden und kaum die Augen offenhalten konnte. Mama, ich sag' dir eines – alles noch einmal, nur das nicht mehr!" Es war das erste Mal, daß sie etwas sagte, was man als Klage hätte auffassen können. Dann schilderte sie, was man alles mit ihr gemacht hatte. Es muß schrecklich gewesen sein: Man hatte versucht, ihren Darm ohne Operation freizubekommen, denn noch eine Operation hätte sie nicht überlebt. Sie lag nun allein im Zimmer, umgeben von Geräten, angeschlossen an den EKG-Monitor. Dieses Gerät funktionierte allerdings nicht einwandfrei, weil die Netzanschlüsse auf dieser Station nicht auf so hochempfindliche Geräte abgestimmt waren. Im Normalfall brauchte man diese hier ja nicht. Man sah aber immerhin, wie Giselas Herz arbeitete. Gisela erzählte lachend, daß – als das Gerät das erste Mal ohne Grund Alarm auslöste – eine Schwester zur Tür hereinstürzte, ganz erstaunt schaute und dann in ihrem württembergischen Dialekt zum Monitor sagte: „Mensch Kerle, was hasch denn! Dia lebt doch no! Mi so v'rschrecka!" Gisela mußte lachen, obwohl die ganze Umgebung und ihr Zustand keinen Anlaß mehr zum Lachen gaben. Insgesamt machte Gisela einen sehr in sich gekehrten und geduldigen Eindruck. Schwester Sabine brachte ihr eine kleine Tasse Suppe und flehte Gisela buchstäblich an: „Gisi! Iß wenigstens ein bißchen von dieser Suppe!" Doch Gisela aß nicht – auch nicht auf mein Bitten und Drängen. Schon seit Tagen konnte sie weder essen noch trinken. Gegen Mittag in der Gluthitze dieses Sommertages bin ich dann heimgefahren. Reiner war ja bei ihr, und ich wollte sie lieber wieder besuchen, wenn sie allein war. Es war mir klar, daß nun täglich jemand zu ihr fahren mußte. Sie sollte nicht auch noch das Gefühl der Verlassenheit spüren. Ihre körperlichen Leiden waren schon mehr als genug. Da Reiner an diesem Sonntag bis spät in die Nacht bei Gisela blieb, reichte es sicher, wenn ich sie am Dienstag wieder besuchte. Am Montag abend rief ich sie kurz an, um nachzufragen, wie es ihr gehe. „Es geht schon!" sagte sie, „ich weiß nicht, heute ist irgendwie ein komischer Tag", wich aber meinen weiteren Fragen aus. Nun, am nächsten Tag würde ich es ja sehen.

Zu diesem Besuch nahm ich Anita und Regina mit. Ihre Puppen hatten gerade neue Pullis und Röckchen bekommen, und die wollten sie Gisela unbedingt zeigen. Als wir anklopften, meldete sich niemand, das Zimmer war leer. Eine andere Patientin sagte uns, Gisela sei auf dem Balkon. Dieser war eigentlich nur für das Personal. Gisela saß dort im Schatten eines großen Baumes, der bis an den Balkon heranreichte. Es gab eine herzliche Begrüßung zwischen ihr und den Kleinen. Sie mußte natürlich gleich ihre Puppen vorführen, und Gisela bewunderte sie. „Hier ist es schön", sagte sie. „Ich habe gerade eine ganze Weile einem Vogel zugesehen. Er kam ganz nah an mich heran, um Brotkrumen aufzupicken. Da war er auch schon wieder – ein frecher Spatz natürlich."

Wir unterhielten uns eine Weile. Das Gespräch bestimmten allerdings Regina und Anita. Gisela wollte wieder zurück ins Zimmer und bat mich, eine Schwester zu rufen. Diese mußte Gisela vom Stuhl hochheben und dabei aufpassen, daß sie nicht selbst das Gleichgewicht verlor. Die Kleinen schauten ganz verwundert, und Regina fragte: „Kannst du nicht einmal allein aufstehen?" Und etwas traurig antwortete Gisela: „Nein, Regina, das kann ich nicht mehr." Die Schwester führte Gisela ganz langsam über den Gang, und ich schob den Infusionsständer mit. Ihr Zimmer lag gleich gegenüber dem Stationszimmer, so daß die kleine Prozession keinen weiten Weg zurücklegen mußte. Es war eine lange Prozedur, bis Gisela endlich wieder in ihrem Bett lag und an die Geräte angeschlossen war. Ich bemerkte, daß der EKG-Monitor stark ausschlug, sobald Gisela auch nur versuchte, ihre Lage etwas zu verändern. Das also war für ihr Herz schon zu viel. Dabei war es immer nur ein Versuch. Aus eigener Kraft konnte sie nichts mehr unternehmen. Das Telefon hatte man ihr so nah ans Bett gestellt, daß sie es, ohne sich recken oder strecken zu müssen, erreichen konnte.

Schwester Julia kam. Während sie Gisela mit neuen Infusionen versorgte, begann sie zu erzählen. „Frau Albrecht, es ist unglaublich, was Gisela am Samstag mitgemacht hat. So etwas habe ich überhaupt noch nicht erlebt. Wir sind zu zweit bei ihr geblieben, und vom bloßen Zuschauen ist uns das Wasser heruntergelaufen. Das noch einmal mitansehen zu müssen, würde ich nicht verkraften. Ich habe ihr dann jede Menge Schmerzmittel gespritzt, weil ich es nicht mehr aushielt, wie sie leiden mußte. Dafür habe ich zwar eine heftige Rüge vom Arzt kassiert, weil Schmerzmittel ja wieder eine lähmende Wirkung haben, aber ich konnte das einfach nicht mehr mit ansehen. Und gestern hatte unsere Gisi auch einen schlechten Tag." – „Rufen Sie doch an, wenn so etwas ist", sagte ich. Und zu Gisela: „Diese Woche werde ich auch deinen Vater einmal herschicken, auch wenn Krankenbesuche ihm nicht so liegen." – „Wissen Sie", sagte Julia, „da sind alle Männer gleich. In solchen Situationen sind sie alle feige." – „Außer Reiner natürlich", sagte Gisela sofort. Da hatte sie allerdings recht.

Schwester Julia ging wieder aus dem Zimmer, und ich fragte, was denn gestern eigentlich gewesen sei. „Ach, nichts Besonderes", sagte Gisela. „Ich weiß auch nicht, gestern war halt ein komischer Tag." Sie ließ es bei dem „komischen Tag" bewenden, und ich wollte sie nicht bedrängen; sie wollte offensichtlich nicht darüber reden. Sie machte den gleichen, in sich gekehrten Eindruck wie am Sonntag und vermied jedes überflüssige Wort. Was mochte in ihr vorgehen? Ganz gewiß hatte sie Angst, denn sie wußte, daß sich die Darmlähmung jederzeit wiederholen konnte. Das EKG-Gerät meldete einige Male Alarm. Für Anita und Regina war das hochinteressant. Die Schwestern aber verunsicherte dieser immer wiederkehrende Alarm. Dr. Baum kam, um ihr Herz sozusagen von Hand zu überprüfen, und veranlaßte, daß das große EKG gemacht wurde.

Außerdem wurde der Wasserstand in ihrem Körper gemessen, denn er war zu hoch, und Gisela hatte einen aufgetriebenen Bauch. Dr. Baum tastete ihn ab und sagte: „Gisela, morgen möchte ich gerne noch einmal Schichtaufnahmen machen, wenn es geht. Wir könnten dann sehen, was in deinem Bauch los ist." Er saß dabei auf der Kante von Giselas Bett und streichelte ihre Hand. Gisela sagte nur: „Ach, wie schön!" Sie hatte schon einmal erzählt, daß man dabei lange ausgestreckt auf einer harten Unterlage liegen müsse – und das jetzt, da sie so abgemagert war und überall schmerzende Operationsnarben hatte. Anita und Regina wurden allmählich aufsässig und rannten jedesmal zum Fenster, wenn auf der Bahnstrecke nahe der Klinik ein Zug vorbeifuhr. Anita hatte ihr Poesiealbum mitgenommen und bat Gisela hineinzuschreiben. Gisela sagte jedoch: „Schau, Anita! Ich kann momentan gar nicht schön schreiben, weil meine Hand so zittert, und du möchtest doch bestimmt, daß ich schön hineinschreibe. Weißt du, ich komme ja wieder heim, dann geht es bestimmt besser." Anita war damit einverstanden. Nachdem Anita und Regina einige Male gefragt hatten, wann wir endlich heimführen, sagte Gisela: „Fahr doch heim mit den Zweien, denen wird es hier halt zu langweilig. Du kannst ja ein anderes Mal wieder länger bleiben." Wir machten uns also fertig zum Aufbruch. Regina und Anita verabschiedeten sich rasch von ihrer Schwester und stürzten hinaus auf den Gang. Ich gab Gisela die Hand, wünschte ihr eine recht gute Besserung – die hatte sie sehr nötig – und machte ihr ein Kreuzzeichen auf die Stirn. Warum? – Ich weiß es nicht. Im Krankenhaus hatte ich das sonst nie getan. Ich ging zur Tür, schaute noch einmal zurück und sagte: „Also, behüt dich." Und Gisela: „Tschüß, Mama."

Dies sollte unser Abschied für immer sein.

Hermann beschloß, Gisela am Donnerstag zu besuchen, weil am Mittwoch Reiner seinen freien Tag hatte und bei ihr war. An diesem Mittwoch rief Georg an. Wie es Gisela denn gehe, er wolle sie gerne noch einmal besuchen und ihr die Krankenkommunion bringen. Er habe den Donnerstag dafür vorgesehen. Das traf sich gut, denn so würde er mit Hermann zusammen dort sein. Während Reiner bei Gisela war, wurden die angekündigten Schichtaufnahmen gemacht. Wie immer begleitete Reiner sie dorthin. Er fragte immer wieder, ob sie es noch aushalten könne. Gisela habe immer geantwortet: „Es geht schon!" Reiner sah aber an ihren schmerzverzerrten Gesicht, daß sie starke Schmerzen haben mußte. Er bat den Arzt, doch eine Pause zu machen. Dieser sagte jedoch, das gehe nicht, sonst müsse er wieder von vorn anfangen. „Dann hören Sie eben auf", sagte Reiner sehr bestimmt, und so geschah es dann auch.

Zu Georg sagte Gisela später: „Weißt du, Onkel Georg, mit mir könnte es schon längst aufwärtsgehen, wenn ich dumme Kuh mir nicht immer wieder etwas Neues einfallen lassen würde! Aber jetzt geht es mir schon besser. Gestern bin ich mit Reiner sogar den Gang entlanggegangen. Ins Freie hat er mich dann allerdings mit dem Sitzwagen gefahren." Georg hatte ihr die Kommunion mitgebracht, wartete aber, bis auch Hermann kam, damit sie gemeinsam das Schuldbekenntnis und die Kommuniongebete sprechen konnten. Georg sagte später, daß Gisela sehr andächtig mitgemacht habe. Hermann kam recht ruhig und zufrieden nach Hause.

Diese Woche hatte ich jeden Morgen, sobald ich aus dem Stall kam, bei Gisela angerufen, um zu hören, wie sie die Nacht verbracht hatte und wie es ihr ging – so auch an diesem Donnerstag. Sie sagte natürlich wie immer „gut". „Gisela", sagte ich, „ich freue mich, wenn es dir gutgeht, aber es muß auch stimmen. Ich rufe an, weil ich wissen möchte, wie es dir geht. Sagst du, ‚heute geht es mir nicht so gut‘, dann setze ich mich eben einen Tag oder auch eine Nacht zu dir ans Bett. Das tue ich gerne!" – „Mama, das brauchst du wirklich nicht! Der Montag war halt ein komischer Tag, aber das ist ja vorbei."

Auch am Freitag morgen sprach ich mit ihr, aber sie schien völlig abwesend. Hatte sie sonst immer etwas zu fragen oder zu erzählen, so ging sie wie auch in den letzten Tagen schon, nur sehr kurz auf das ein, was ich sagte oder fragte. Es kam keine Unterhaltung mehr zustande. Elisabeth werde sie gegen Abend besuchen, sagte ich zu ihr, und wünschte ihr einen guten Tag. Die ganze Woche über hatte ich ein sehr ungutes Gefühl. Zu Hermann sagte ich, als wir uns über Gisela unterhielten: „Du wirst sehen – nochmal eine Herzattacke, und es ist vorbei." Ich hoffte zwar immer noch auf eine Wende zum Guten. Aber daran glauben konnte ich nicht mehr. Elisabeth fuhr dann mit einer Freundin im Laufe des Nachmittags los und kam relativ spät wieder. „Nun, wie geht es unserem Mädchen", fragte ich sie. „Ich glaube, nicht ganz schlecht. Sie hat auf jeden Fall immer wieder etwas gewußt, so daß wir nicht loskamen. Und weißt du, was sie noch gesagt hat? – ‚Den Motorradführerschein mach' ich schon noch.'" Gisela hatte schon damit angefangen, mußte aber wegen des Wintereinbruchs abbrechen, und im Frühjahr war sie dann schon im Krankenhaus. Elisabeth brachte auch den Antrag auf Sozialhilfe mit, um ihn bei der Gemeinde bestätigen zu lassen. Im August endete die Lohnfortzahlung, und somit war sie bis zu ihrer Gesundung auf Sozialhilfe angewiesen. Eine Sozialarbeiterin hatte sie beraten, ihr auch schon den Behindertenausweis besorgt. Es machte Gisela sehr zu schaffen, Sozialhilfeempfängerin zu werden, denn sie hatte einen Beruf, der ihr Freude machte, und eine gute Arbeitsstelle. „Das gibt es doch nicht", sagte sie einmal, „da hat man eine Arbeitsstelle und kann nicht arbeiten."

Veränderte Gebete

An diesem Abend, noch bevor Elisabeth wieder zurückkam, überfiel mich plötzlich ein eigenartiges Gefühl, eine
Art Heimweh nach Gisela. Ich hatte das ganz heftige Ver-
langen, bei ihr zu sein. Es hielt nicht lange an, war aber sehr
intensiv. Nun – Elisabeth sagte dann ja, daß Gisela einen
munteren Eindruck gemacht habe. Also konnte ich eigentlich beruhigt zu Bett gehen. Außerdem würde ich sie tags
darauf besuchen. Ich hatte vor, dann behutsam nachzufragen, was sie wirklich dachte und wie es in ihrem Innersten
aussah. Wie jeden Abend betete ich für Gisela, seit einigen
Tagen allerdings anders als zuvor. Zu Beginn der Krankheit
hatte ich für ihre Gesundung gebetet. Später betete ich für
nichts Konkretes mehr. Dann konnte ich eine ganze Weile
überhaupt nicht mehr beten. Über diese Zeit half mir das
Wissen, daß viele andere es taten. Nun aber betete ich: „Lieber Gott! Wenn es für Gisela schon keine Heilung mehr geben darf, dann erlöse sie doch von ihrem Leiden. Aber um
eines bitte ich dich, schenke ihr eine gute Sterbestunde!"
Ich habe sie freigegeben für den Willen und die Vorsehung
Gottes. Sehr habe ich mich auseinandergesetzt mit einem
Abendgebet von Dietrich Bonhoeffer:

> „Von guten Mächten wunderbar geborgen,
> erwarten wir getrost, was kommen mag.
> Gott ist mit uns am Abend und am Morgen
> und ganz gewiß an jedem neuen Tag."

So tiefgläubig wie Bonhoeffer war ich nicht. Ich wußte
zwar, daß Gott mit uns und Gisela war – oft haben wir es
gespürt. Ich war auch bereit anzunehmen, was kommen
mochte. Getrost konnte ich aber nicht sein – ich hatte
Angst!

Mein innerstes Empfinden war: Erlösung

Am Samstag morgen, ich wollte gerade die Haustür zuschließen, ehe ich in den Stall ging, läutete das Telefon. Ich erschrak – wer mochte so früh am Morgen anrufen? – und ging sehr gefaßt ans Telefon. „Universitätsklinikum Ulm – ich verbinde." In diesem Moment wußte ich, was kommen würde. Es meldete sich ein Arzt, dessen Namen ich nicht verstanden hatte. „Sind Sie die Mutter von Gisela Albrecht?" – „Ja, die bin ich." – „Frau Albrecht, ich muß Ihnen leider sagen, daß Ihre Tochter heute morgen verstorben ist!"

„O Gott" war alles, was ich sagen konnte. Der Arzt: „Ich durfte sie noch eine halbe Stunde betreuen, konnte aber nichts mehr für sie tun. Fünf vor halb sieben ist sie dann verschieden. Es tut uns sehr leid, aber es ist uns nicht mehr gelungen, sie am Leben zu erhalten. Sie kam um etwa vier Uhr auf unsere Station." Ich hatte mich wieder etwas gefaßt und erkundigte mich, woran sie denn jetzt gestorben sei. „Herzstillstand", sagte der Arzt und fragte mich, ob wir Gisela noch einmal sehen wollten. Ohne zu überlegen, sagte ich: „Nein! Wir möchten sie so in Erinnerung behalten, wie wir sie zuletzt gesehen haben." Ich bat den Arzt, falls Gisela ihren Hasen bei sich haben sollte, diesen zu ihr zu legen. „Das haben wir schon getan", erwiderte er. Er bat mich, wegen der Formalitäten auf die Station zu gehen. Wir mußten dort ja auch ihre Sachen abholen.

Als ich aufgelegt hatte, mußte ich mich eine Weile an den Schreibtisch lehnen. Mein innerstes Empfinden aber war Erlösung.

Erlösung für sie – Erlösung für uns.

Giselas Leidensweg war zu Ende!

Nachdem ich mich wieder etwas gefaßt hatte, ging ich zu Hermann in den Stall, um ihm die Hiobsbotschaft zu bringen. Als ich ihm gesagt hatte, was geschehen war, schlug er die Hände zusammen und sagte: „Nein! – Um Gottes willen!" Er nahm mich in den Arm, drückte mich an sich und sprach mir sein Mitgefühl aus. Wir waren einander wohl selten so gleich wie in diesem Moment. Was war nun zu tun? Wir gingen ins Haus. Ich rief meine Freundin in Bayrischzell und Georg an. Hermann ging nach oben, um es den Kindern zu sagen. Außerdem sollten gleich ein paar Buben im Stall mithelfen. Elisabeth stieß einen Schrei aus, als sie es hörte, und kam weinend aus ihrem Zimmer gelaufen. „Bin ich froh, daß ich gestern noch bei ihr war", sagte sie. Elisabeth traf der Tod ihrer einzigen Schwester besonders hart, denn Anita und Regina waren ja noch Kinder. Gisela war immer ihre Vertrauensperson und Anlaufstelle gewesen, wenn sie Probleme gehabt hatte. Gemeinsam erledigten wir nun rasch die Stallarbeit, um dann nach dem Frühstück, das ohnehin keinem schmeckte, aufbrechen zu können. Eine Menge mußte erledigt werden, und es eilte, denn es war Samstag. Mein Mann ging zuerst zu unseren Nachbarn und gleich anschließend zum Pfarrer, um den Termin für die Beerdigung festzusetzen. Währenddessen setzte ich die Todesanzeige für die Zeitung auf. Außer den Daten war sie in meinem Kopf längst fertig. In einer meiner schlaflosen Nächte hatte ich mir darüber Gedanken gemacht.

Als Hermann wiederkam, machten wir uns gemeinsam auf den Weg. Zeitung, Sterbebildchen, Bestattungsinstitut, Gärtner, Kirchenchor, nichts durfte vergessen werden. Die Nachricht von Giselas Tod mußte sich in Windeseile verbreitet haben, denn fast überall, wo wir hinkamen, wußte man es schon. Bei der Benachrichtigung der Verwandten half uns Michl, Hermanns jüngster Bruder. Wir erledigten dies alles telefonisch, weil Wochenende war. Am Nachmittag mußten wir in die Stadt, um schwarze Kleidung zu kaufen. Ich hatte es einfach nicht im voraus tun wollen. Zum Glück war verkaufsoffener Samstag – aber es war auch Stadtfest, und an allen Ecken gab es Musik und Geschrei. Für uns war es wie Spießrutenlaufen. Hermann traf einen Jugendfreund, der bei einer Musikkapelle mitspielte. „Hallo, wie geht es dir?" kam er auf uns zu. „Nicht so gut wie dir", sagte mein Mann. „Das glaubst du doch selber nicht!" Er machte allerdings ein langes Gesicht, als Hermann erzählte, warum es ihm nicht so gutging.

Zu Hause hieß es dann, wir sollten Dr. Seidler zurückrufen. Sie wollten Gisela sezieren und brauchten unsere Zustimmung. „Nein", sagte ich. „Jetzt soll sie ihre Ruhe haben. Einmal ist Schluß." Dr. Seidler bedauerte dies sehr und bat uns, Giselas Sachen abzuholen. Das wollten wir ohnehin jetzt tun. Wir hatten uns gerade fertig gemacht, als Reiner mit seinen Eltern kam. Sie hatten ihn an seiner Arbeitsstelle in Landsberg abgeholt. Er lehnte sich an den Rahmen unserer Haustür – blaß und ohne ein Wort. Ich bat ihn, doch hereinzukommen und sich zu setzen. Wir gingen ins Wohnzimmer. Reiner saß im Sessel, völlig in sich zusammengesunken. „Reiner", sagte ich, „versuche das Schicksal anzunehmen, wir müssen es auch tun." Für ihn war eine Welt zusammengebrochen – seine Zukunft. Gisela war seine große Liebe gewesen, und seine ganze Hoffnung. Er kämpfte mit ihr – um sie. „Kann ich sie noch einmal sehen?" Das war alles, was er sagte. Ich erklärte Reiner, daß wir sie zwar nicht mehr sehen wollten, aber er könne ja mit uns zur Klinik fahren, vielleicht sei es für ihn trotzdem noch möglich. Er willigte ein. Sein Vater bot an, uns zu fahren. Und wir nahmen dankbar an, denn wir waren ziemlich erledigt – es war zudem noch brütend heiß. Mit hängenden Köpfen gingen wir auf die Station. Auf einem Wagen im Korridor lagen Giselas Sachen, aufgehäuft wie unnützes Zeug, all ihre kleinen Habseligkeiten, die ihr so lieb und wichtig gewesen waren. Ihr Zimmer war schon wieder geputzt und freundlich, zwei frisch bezogene Betten warteten auf die nächsten armen Menschen. Wolfgang hatte Dienst und bat uns, zu ihm ins Stationszimmer zu kommen, sobald wir alles im Auto verstaut hatten. Er händigte uns den Arztbrief aus und verband uns noch einmal mit Dr. Seidler in dessen Wohnung. Darum hatte Dr. Seidler ausdrücklich gebeten. Noch einmal bat er uns um die Zustimmung zur Sektion, doch wir blieben beim „Nein". „Gisela hat, glaube ich, der Wissenschaft lange genug gedient, und Sie wissen besser als wir, daß bei ihr alles kaputt ist", sagte ich zu ihm. „Schade", sagte er, hörbar enttäuscht. Auf meine Frage, ob Reiner Gisela noch sehen könne, sagte er, daß das schwierig sei und er würde Reiner auch davon abraten. Wolfgang, der auch einen erschlagenen Eindruck machte, meinte, er würde ihm Gisela schon herausholen, aber das dauere ungefähr eine halbe Stunde. So viel Zeit hatten wir gar nicht mehr, denn am Abend mußten wir in der Kirche zum Rosenkranzgebet sein. Reiner machte ich den Vorschlag, Gisela nach der Überführung anzuschauen, wenn man sie heimbringen würde, ich wollte das für ihn organisieren. Damit war er einverstanden. Wir machten uns auf den Heimweg. Es war eine schweigsame, letzte Fahrt auf der Autobahn, an deren Rand die Heckenrosen verblüht waren. Im Auto schenkte ich Reiner das Sparschwein, das sie aufgestellt hatte, um für einen Urlaub an der Nordsee mit Reiner zu sparen. Manfred holte inzwischen Norbert ab, der in Füssen bei der Bundeswehr Dienst tat und noch nicht wußte, daß seine Schwester tot war. Wenn alles klappte, würden sie noch rechtzeitig zum Rosenkranz dasein. Norbert hatte gerade Wache und konnte deshalb nicht früher abgeholt werden. Erst als sie schon ein gutes Stück heimwärts gefahren waren, erzählte Manfred seinem Bruder, was geschehen war.

Viele Leute aus dem Dorf waren zum Rosenkranz gekommen. Am Sonntag gingen wir wie immer zum Gottesdienst, aber diesmal hatte ich Angst – Angst vor den Blicken und der Begegnung mit den Leuten. Am Ende des Gottesdienstes verkündete der Pfarrer die Beerdigung unserer Gisela. Dies zu hören tat in der Seele weh. Bevor wir die Kirche verließen, kam der Pfarrer auf mich zu, gab mir die Hand und sprach mir sein Mitgefühl aus. Gisela war noch in der Klinik, denn über das Wochenende war keine Überführung möglich. Auf dem Kirchplatz kamen einige auf mich zu, um mir die Hand zu geben. „Ich glaube, es ist besser so", sagte ich jedesmal. Manche schauten mich darauf ganz erstaunt an. Alle waren bestürzt über die Nachricht von Giselas Tod. Hatten sie vorher mitgelitten, so trauerten sie jetzt mit uns.

Ein Anruf, der Kraft gibt

Wir waren kaum zu Hause, als das Telefon klingelte. Es war Schwester Julia. „Frau Albrecht, ich möchte Ihnen nur sagen, wie leid es mir tut, daß es mit Gisela so geendet hat." Und dann erzählte sie: „Seit Donnerstag habe ich Urlaub, bin aber gestern noch mal auf Station gegangen, weil wir ein kleines Fest feiern wollten. Schon an den Gesichtern meiner Kollegen sah ich, daß etwas passiert sein mußte. Auf meine Frage hin nahm mich Wolfgang zur Seite und sagte mir, daß Gisela tot sei. Das Fest hat natürlich nicht stattgefunden. Wissen Sie, wir müssen einfach so kleine Feste feiern, wir gingen hier sonst alle kaputt. Was glauben Sie, wie deprimierend es für uns oft ist, 70% der Patienten verlassen die Station tot. Wir waren schon oft traurig auf der Station, aber so wie gestern war es noch nie. Ich mußte sogar den Schichtplan ändern. Die Schwester, die Nachtdienst gehabt hatte und Gisela auf Intensiv bringen mußte, war fix und fertig. Wenn so etwas passiert, habe ich immer Schwierigkeiten mit unseren jungen Schwestern. Sie würden dann am liebsten sofort das Handtuch werfen, weil sie glauben, ihre Arbeit sei sinnlos. Dann komme ich immer mit meiner Jesustheorie: Wenn wir auch nur einen retten können, war unsere Arbeit nicht umsonst!" Dann erzählte Schwester Julia, was am Montag, dem sogenannten „komischen Tag", losgewesen war. „Schon am Morgen, als ich zu Gisela ins Zimmer kam, sah ich, daß es ihr nicht gutging. Gisela kannte ich inzwischen so gut, daß ich jede Regung auf ihrem Gesicht wahrnahm. Während ich sie versorgte, sagte ich dann zu ihr: ‚Gisela, laß dich endlich fallen und reiß dich nicht immer nur zusammen, ich seh' doch, daß du nicht mehr kannst!' Daraufhin hatte ich sie eine Dreiviertelstunde im Arm – sie weinte und weinte. Dann ließ sie ihr ganzes Leben ablaufen wie einen Film. Warum so krank? Warum darf nichts klappen? Ihre ganze Not hat sie sich von der Seele geredet. Als Abschluß sagte sie: ‚Aber es ist halt mein Weg!' ‚Gisela', sagte ich dann, ‚wenn du unter all das einen Strich ziehen würdest, was würdest du darunter schreiben?' Darauf Gisela: ‚Wenn ich die Schmerzen weglassen könnte und die Trennung von zu Hause, dann müßte ich darunter schreiben – es war ein großer Gewinn!' Ich habe dann eine Stunde lang Giselas Rücken und Fußsohlen massiert. Daraufhin konnte sie eine ganze Weile schlafen und danach ging es ihr besser."

„Warum haben Sie mich denn nicht angerufen? Ich wäre doch sofort gekommen und hätte mich zu ihr gesetzt", fragte ich. Doch Julia meinte: „Das hätte Gisela bestimmt nicht gewollt. Sie hat nämlich immer eine neutrale Person um sich gebraucht; ich wußte genau, welche Schwester ich in welcher Situation auf sie ansetzen mußte. Gisela hat übrigens nie etwas auf Sie kommen lassen."

Als ich Schwester Julia dann erzählte, daß ich schon am Muttertag ihren Abschiedsbrief bekommen habe, sagte sie: „Mir ist schon in den letzten Wochen aufgefallen, daß sich ein großer Frieden auf Giselas Gesicht gelegt hat. Sie hatte überall reinen Tisch gemacht." In der Tat: In der letzten Zeit hatte sie auch einmal ihre Firmpatin angerufen und sich für alles bedankt, was sie von ihr bekommen und was sie für sie getan hatte. Meine Freundin sagte damals, als sie mir das erzählte: „Ich war richtig erschrocken! Es hörte sich an wie ein Abschiednehmen." Schwester Julia erzählte weiter: „Gisela war so ein positiver Mensch. Selbst wenn alles ausweglos schien – sie fand immer was, woran sie sich halten konnte. Gisela wollte immer leben, sah aber auch immer die andere Seite. Sie konnte sich auch über alles freuen. ‚Schwester Julia', sagte sie einmal, ‚ich liege im schönsten Haus der Klinik. Von keinem anderen sieht man so schön auf den Park.' Manchmal konnte sie mir Tag für Tag sagen, was sich an diesem Baum oder jenem Strauch sozusagen über Nacht verändert hatte. Bevor ich am Donnerstag in Urlaub ging, habe ich Gisela noch gebadet. Als ich so bei ihr am Wannenrand saß, kamen wir auf das Sterben zu sprechen, und ich fragte sie, ob sie eigentlich Angst hätte, wenn sie sterben müßte und es wüßte. Und Gisela antwortete mit der ihr eigenen Gelassenheit – ‚Nein! Sterben wäre für mich kein Problem. Meine Sorge wäre nur Reiner.' Und auf meine Frage, wie es ihre Angehörigen daheim verkraften würden, sagte sie, ‚Mama würde es schon schaffen, aber für Papa wäre es schwer.' Gisela konnte mit einer Gelassenheit und Selbstverständlichkeit über den Tod sprechen, wie ich es eigentlich noch nie erlebt habe. Frau Albrecht, Gisela hat uns und den Ärzten viel mehr gegeben, als wir ihr geben konnten. Sie war ein Mensch, der selbst in schlimmsten Situationen noch geben konnte. Ein Mensch mit einer großen inneren Gelassenheit. Darum hat ihr Tod uns alle, Patienten wie Personal, so tief getroffen. Sie war für all unsere Patienten hier eine Art Meßstab, und wenn es in einem Zimmer eine schlechte Nachricht gab, war Gisela da mit ihrem Infusionsständer und tröstete. Und sie konnte trösten – ganz gleich, wer es war. Die Situation, die jetzt nach Giselas Tod auf der Station herrscht, kann ich Ihnen gar nicht beschreiben. Ich bin nur froh, daß ich persönlich ihr so viel an Menschlichkeit zukommen ließ, wie ich konnte. Patienten, die so lange im Krankenhaus liegen, brauchen dies mindestens genauso wie die medizinische Betreuung. Ich erinnere mich, eines Abends war Reiner bei ihr, und die Zimmerkollegin war beurlaubt über das Wochenende. Ich wollte zu Gisela, da lag Reiner bei ihr im Bett und hielt Gisela fest im Arm. So schnell wie ich im Zimmer war, war ich auch wieder draußen. Für Gisela war das sehr wichtig, deshalb wollte ich sie auch nicht stören. Sie hat diese gesunde Wärme so dringend gebraucht, auch wenn die Ärzte und erst recht die Klinikverwaltung nichts davon wissen durfte. Als ich dann um zwölf Uhr doch zu ihr gehen mußte, um die üblichen Kontrollen durchzuführen, schliefen sie beide fest, Arm in Arm, und es tat mir leid, sie wekken zu müssen. Gisela sagte nur: ‚Mein Gott, Julia! Nur gut, daß du uns weckst. Reiner müßte doch schon längst in seinem Bett liegen, er muß morgen arbeiten!‘ Frau Albrecht, nun habe ich noch eine Bitte, aber lachen sie mich nicht aus. Legen Sie doch bitte ihren ‚Schnief‘ zu ihr! Die Nachtschwester ist eigens noch mal auf Intensiv gerannt und hat ihn Gisela gebracht.“ Das hatte ich ja bereits veranlaßt. Dann sagte Schwester Julia noch: „Frau Albrecht, ich mußte Ihnen das alles sagen. Sie können sehr stolz auf Ihre Gisela sein, ich hatte noch nie einen so großartigen Menschen auf der Station. Sie hat uns soviel an Mut, Zuversicht und Freude hinterlassen. Das gibt uns die Kraft weiterzumachen. Bitte geben Sie mir noch die Telefonnummer von Reiner. Wir machen uns solche Sorgen um ihn. So tapfer und treu wie er war, ist beispielhaft. Jeder Ehemann oder Vater oder wer auch immer könnte sich eine dicke Scheibe davon abschneiden. Wir haben alle großen Respekt. Auch die Ärzte ziehen den Hut vor ihm. Wenn er nicht so treu zu ihr gestanden hätte, hätte Gisela nicht so lange durchgehalten. Zu Dr. Seidler habe ich gesagt: ‚Ich glaube, wir brauchen uns um Reiner keine so großen Sorgen zu machen, denn so wie ich die Familie Albrecht jetzt kenne, nehmen sie sich bestimmt seiner an.‘ Trotzdem möchte ich ihn unbedingt auch noch anrufen. Frau Albrecht, auch Sie habe ich oft bewundert. Ich sah Sie kommen und sah Sie gehen, die Sorge ins Gesicht geschrieben, aber an Giselas Bett saßen sie immer ausgeglichen und gelassen. Diese Ruhe hat Gisela so gutgetan. Frau Albrecht, bei der Beerdigung kann ich leider nicht dabeisein, aber ich bitte Sie, wenn Sie können, auch ein Vaterunser für mich zu beten. Ich wünsche Ihnen alles Gute, ich weiß, daß es schwer für Sie sein wird."

Dieser Anruf hat mir sehr gutgetan. Er war ein großer Trost für mich, er gab mir Kraft für die kommenden schlimmen Tage. Als ich auf die Uhr sah, stellte ich fest, daß mir Schwester Julia eineinhalb Stunden von Gisela erzählt hatte.

Fragen ohne Antwort

Elisabeth hatte inzwischen das Mittagessen gekocht, und alle saßen schon am Tisch, als ich – eigentlich glücklich – vom Telefon zurückkam. Mit Reiner hat Schwester Julia, wie mir seine Mutter später erzählte, dann auch noch fast so lange gesprochen. Sie gab ihm sogar die Telefonnummer ihres Urlaubsortes in der Schweiz. Er dürfe sie jederzeit dort anrufen, wenn er sie brauche. Während des Mittagessens erkundigte sich Norbert, wann Gisela eigentlich genau gestorben sei. „Fünf vor halb sieben", sagte ich. „Das ist ja komisch", sagte Norbert. „ Ich hatte mit noch einem Soldaten Wache. Vor Mitternacht war ich dran, mein Kollege danach, also schlief ich in der Früh. Plötzlich erschrak ich furchtbar im Schlaf, und ich schoß buchstäblich in die Höhe. Mein Kollege fragte mich: ‚Was ist denn jetzt los?‘ – ‚Ich weiß auch nicht, ich habe gerade einen furchtbaren Schreck bekommen‘, sagte ich und fragte, wie spät es denn eigentlich sei. ‚Fünf vor halb sieben‘, sagte mein Kamerad. Gisela weckte also ihren Bruder, als sie Abschied nahm von der Welt. Da fiel mir ein, daß ich, als ich nachts wach im

Bett lag, hörte, wie jemand durch den Gang ging und die Tür zu Giselas Zimmer öffnete. Ich fragte, wer dann da in der Nacht unterwegs gewesen sei, doch keines der Kinder wußte etwas davon. Aber ich hatte es doch deutlich gehört! War es vielleicht ein Wachtraum? Oder hatte Gisela uns sagen wollen – ich bin trotzdem bei euch? Auf diese Frage wird es nie eine Antwort geben.

Den Frieden Gottes im Gesicht

Am Montag war dann die Überführung. Der Herr vom Bestattungsinstitut hat mich angerufen, er werde in einer halben Stunde mit Gisela am Friedhof sein. Schnell verständigte ich Reiner. Für alle Fälle wollte ich auch den Fotoapparat mitnehmen, denn nun kam ich doch ins Wanken. Sollte ich sie vielleicht doch noch einmal sehen? Schnell legte ich einen Film ein. Als Hermann und ich zum Friedhof kamen, stand der Leichenwagen schon da. Gisela hat einmal gesagt: „Da kommt ab und zu ein schöner, dunkelroter Leichenwagen in den Klinikhof, um jemand abzuholen. Mama, wenn ich hier sterben sollte, möchte ich auch mit so einem roten Leichenwagen abgeholt werden, das sieht doch nicht so traurig aus wie ein schwarzer Wagen." Daran hatte ich gleich gedacht, aber wir konnten doch am Samstag nicht herumsuchen, wo es ein solches Auto gab. Die Zeit drängte ohnehin schon. Ich hoffe, daß Gisela uns das verzeihen wird. Später habe ich durch Zufall erfahren, daß es nur zehn Kilometer von uns entfernt einen dunkelroten Totenwagen gegeben hätte.

Wir waren also am Friedhof, aber Reiner war noch nicht da. Während der Sarg ins Leichenhaus gefahren wurde, lief ich zu Reiner nach Hause, doch er war schon fort. Seine Mutter ging mit mir zurück. Vorsichtshalber hatte ich schon gefragt, wie Gisela denn aussehe? Ich hatte Angst, sie könnte durch das Wasser im Körper und die vielen Medikamente sehr aufgetrieben und entstellt sein. „Außer der braunen Hautfarbe ist mir nichts aufgefallen", bekam ich zur Antwort. Was sollte ich bloß tun? Einerseits hatte ich Angst, andererseits würde ich mich vielleicht mein Leben lang fragen, wie sie wohl ausgesehen haben mag. Am Ende beschloß ich, Gisela doch ein letztes Mal zu sehen. Reiner war immer noch nicht da. Ich ging hinaus auf den Kirchplatz. Da stand er im Türbogen der ehemaligen Schule und kämpfte wahrscheinlich mit sich selbst. „Es ist soweit", sagte ich zu Reiner und ging mit klopfendem Herzen zurück zum Leichenhaus. Gefaßt ging ich auf die Tür zu, hinter der Gisela inzwischen aufgebahrt lag. Nun hatte ich schon so viel ausgehalten, dies würde ich auch noch überstehen.

Da lag sie: leblos, erlöst von all ihren Leiden und neben ihr „Schnief", zerzaust und abgenutzt, so als hätte auch er all die Strapazen dieser langen, schrecklichen Krankheit durchgemacht. Schnell lief ich zum Auto, um den Fotoapparat zu holen, damit ich noch einige letzte Bilder von ihr machen konnte.

Anschließend stand ich vor dem offenen Sarg und konnte nicht weinen – nur schauen und staunen. Noch nie hatte ich so ein schönes, friedliches Gesicht gesehen. Ihre kurzen Haare, inzwischen waren sie wieder drei, vier Zentimeter lang, waren schön gekämmt, und auf ihrem Gesicht lag fast ein Lächeln. Derselbe Humor, mit dem Gisela gelebt und gelitten hatte, schien sie auch in den Tod begleitet zu haben. Keine Spur von Krankheit war mehr zu sehen. Es sah so aus, als hätte der Tod sie gesund gemacht. Durch die dunkle Hautfarbe, die ein wenig verblaßt war, sah es aus, als läge ein gesunder Mensch da und schliefe. Es war ein Bild des Friedens, das ich vor mir hatte. Reiner stand immer noch daneben, und nur langsam ließ er sich überreden, näherzukommen. „Ich geh' hinein, aber ich möchte, daß die Tür zugemacht wird", sagte er. Er ging langsam hinein und zog die Tür hinter sich zu – um ganz allein Abschied nehmen zu können. Es dauerte ziemlich lange, bis er wieder herauskam, und ich sah, daß er an Giselas Hand seinen Freundschaftsring gesteckt hatte. Mit Gisela mußte er diese Freundschaft – seine große Liebe – begraben. Eine Liebe, die fast drei Jahre andauerte und eineinhalb Jahre davon härtesten Bedingungen und größten Belastungsproben standhielt. Langsam und mit hängendem Kopf ging er davon.

Ich stand noch dabei, als der Sarg wieder geschlossen wurde und – eigenartig, es hat mir nicht weh getan. Mir war, als sei Gisela in diesem Sarg gar nicht gegenwärtig. Ich war froh, Gisela noch einmal gesehen zu haben, und es gibt für mich keinen Zweifel, daß sie im Frieden Gottes gestorben ist.

In einem kleinen Buch, das ich einmal geschenkt bekam, heißt es: „Blicke einem Toten ins Angesicht, und du wirst erkennen, wie er gelebt hat, ob er überhaupt gelebt hat, wesentlich gelebt hat und ob er reif geworden ist." Demnach hatte Gisela gelebt und ist reif geworden in ihrer so kurzen Lebenszeit. Vielleicht reifer, als sie mit achtzig Jahren gewesen wäre. Vor dem Sarg stellten wir Giselas Taufkerze auf, und die Mutter von Reiner holte einen großen Strauß Rittersporn aus ihrem Garten. Als wir wieder daheim waren, sagte Hermann zu Elisabeth: „Wie kann Mutter bloß sagen, Gisela liege so schön im Sarg! Für mich war es furchtbar, wie sie so leblos dalag."

Für mich selber war ein Drama zu Ende gegangen – für meinen Mann schien es erst jetzt zu beginnen.

„Des Menschen Leben ist wie Gras"

Am Abend fand die Einsegnung statt und anschließend wieder ein Rosenkranzgebet. Giselas Sarg war inzwischen umgeben mit einem Meer von Blumen. Eine große Menge Leute war gekommen, so daß unsere dreihundert Sterbebildchen bei weitem nicht reichen würden.

Schon am nächsten Tag war die Beerdigung. Wir mußten endgültig Abschied nehmen von unserer Gisela. Als wir zum Friedhof kamen, war meine Freundin aus Bayrischzell schon da – ich hatte zu Hause auf sie gewartet. Auch ein Mann stand da, den ich zwar kannte, von dem ich aber im Moment nicht wußte woher. Er kam auf mich zu und sagte: „Grüß Gott, Frau Albrecht. Mein Beileid. Ich bin Alfred Hoffmann." Richtig, der Mann von Frau Hoffmann, die mit Gisela in der Klinik gelegen hatte und vor einigen Wochen gestorben war. Herr Hoffmann sagte: „Ich hab' mir gedacht, ich muß doch zur Beerdigung meiner Gisela gehen. Sie hat meiner Frau so viel geholfen und sie immer wieder aufgerichtet. Ich werde sie nie vergessen." – „Danke, Herr Hoffmann", sagte ich. „Wir können uns jetzt die Hand geben." Es kamen so viele Menschen, daß die Menge schließlich unüberschaubar war. Gisela hat einmal gesagt, als sie von ihrer Hochzeit schwärmte: „Auf meiner Hochzeit will ich einmal viele Leute haben." Nun hatte sie viele Leute bei ihrer Beerdigung. Viele junge Menschen waren gekommen. Gisela hatte einen sehr großen Bekannten- und Freundeskreis. Meine Freunde waren da, Lehrer, Schulkameraden, Ortsbäuerinnen, Bekannte aus dem Katholischen Landvolk und Leute, mit denen ich nie gerechnet hätte. Vier Mädchen der Katholischen Landjugend hatten inzwischen links und rechts vom Sarg Aufstellung genommen, um Gisela dann zum Grab zu geleiten. Giselas Freundin war unter ihnen, sie hatte an diesem Tag Geburtstag. Wir bildeten ein regelrechtes Spalier links und rechts des Sarges: die Buben und Reiner auf der einen, Elisabeth, Anita, Regina und wir zwei auf der anderen Seite. Gisela war zum letzten Mal in unserer Mitte. Der Pfarrer und die Ministranten konnten sich nur mit Mühe einen Weg durch die Menschenmenge bahnen. Aus dem Gebet, das der Pfarrer sprach, hat sich mir ein Satz tief eingeprägt: „Des Menschen Leben ist wie Gras, erblüht wie die Blume des Feldes. Weht der Wind darüber, ist sie dahin, und der Platz, an dem sie stand, weiß nichts mehr von ihr."

Es wurde ein sehr würdiges Begräbnis. Die Kinder von Giselas Vorschulkindergruppe säumten den Weg zum Grab und legten dort ihre Blumensträußchen nieder. Die Vorstände der Vereine, denen Gisela angehört hatte, legten Kränze nieder, verbunden mit ehrenden Nachrufen; ebenso ihr Chef vom Kindergarten. Auch eine Abordnung des Kindergartens und dessen Elternbeirat waren da. Georg feierte dann mit uns allen das Requiem.

Die Kirche konnte die vielen Menschen gar nicht fassen. Georg war sehr betroffen und mußte immer wieder mit den Tränen kämpfen. Man spürte aber, daß er glücklich darüber war, Gisela noch zwei Tage vor ihrem Tod die Wegzehrung für das letzte Stück ihres schweren Weges gebracht zu haben. Mir war es ohnehin so vorgekommen, als hätte sie nur noch darauf gewartet. Die Ansprache hielt unser Ortspfarrer. Wir hatten ihm Giselas Abschiedsbrief gebracht, denn er wollte wissen, wie sie sich in der letzten Zeit verhalten hatte. Diesem Brief konnte er eigentlich alles entnehmen. Die Ansprache war dann auch auf den Brief bezogen und aufgebaut. Für mich war es eine schöne Ansprache. Nach dem Gottesdienst versammelten wir uns noch einmal um das mit Blumen übersäte Grab. Als ich dort so stand, und alles war nun so endgültig, da überkam mich der Schmerz – ich weinte!

Regina, die vor mir stand und sich an mich gelehnt hatte, drehte sich um und sagte: „Mama, du weinst ja. Warum weinst du denn?" Sie war es auch, die in diesen Tagen einmal gesagt hatte: „Gell, Mama, Gisela war so lieb, daß sie der liebe Gott bei sich im Himmel haben will." Gisela und Regina waren ein Herz und eine Seele gewesen, und ich mußte mich wundern, daß Regina diesen Verlust nun so tapfer hinnehmen konnte, zumal sie doch damals an Allerseelen ganz anders reagiert hatte.

Als wolle er sich das Leid von der Seele reden

Anschließend gingen wir mit unseren Verwandten, Nachbarn und Freunden ins Gasthaus zum Leichenschmaus. Die große Anteilnahme und das ehrliche, spürbare Mitgefühl hatten mich buchstäblich durch diese Tage hindurch getragen. Hätte mich jemand gefragt, wie denn die Beerdigung gewesen sei, hätte ich sagen können: „Schön!" Einige Verwandte gingen noch mit uns nach Hause. Auch Reiner hatten wir eingeladen, mit uns zu kommen. Gemeinsam schauten wir die vielen Briefe und Karten an, die eingetroffen waren. Der Briefkasten war randvoll. Zu später Stunde saßen nur noch Reiner, Hermann und ich beisammen. Die Verwandten waren fort, und die Kinder gingen alle beizeiten zu Bett.

Reiner redete und redete. Dabei war er sonst so ruhig, ja geradezu verschlossen. Es schien, als wolle er sich sein ganzes Leid von der Seele reden. Inzwischen war es schon Mitternacht, und auch mein Mann schickte sich an, ins Bett zu gehen. Ich beschloß, bei Reiner zu bleiben, selbst wenn er bis zum Morgen bleiben würde. Ich machte mir Sorgen um ihn. Als Gisela damals an Allerseelen beinahe gestorben wäre, hatte sie danach Reiner gefragt, was er denn gemacht hätte, wenn sie gestorben wäre. Reiner gab ihr zur Antwort: „An den nächsten Baum wäre ich gefahren." Darum hatte Gisela auch gesagt: „Meine Sorge wäre nur Reiner." Nun war er meine Sorge! Als er dann aber sah, daß auch wir zu Bett gehen wollten, brach er auf. Als wir uns verabschiedeten, sagte ich zu ihm: „Reiner, ich danke dir für alles, was du für Gisela getan hast. Komm bitte auch weiterhin zu uns, wenn dir danach ist, denn irgendwie gehörst du doch zu uns!" – „Das mach' ich schon", sagte er. Er setzte sich ins Auto und fuhr los. Ein ganzes Heer von Schutzengeln schickte ich los, ihn zu begleiten.

Am nächsten Tag kam Reiner wieder und fragte mich, ob er noch einmal in Giselas Zimmer gehen dürfe. Sicher durfte er das. Er wollte noch einmal da sein, wo er mit seiner über alles geliebten Gisela wahrscheinlich viele schöne und glückliche Stunden verbracht und erlebt hatte. Ich sagte zu ihm: „Wenn etwas oben ist, das du gerne haben möchtest, nimm es mit." Ziemlich lange war er in ihrem Zimmer oben und kam dann mit einem Badetuch zurück, das er Gisela einmal geschenkt hatte. Das wollte er mitnehmen. Als es Abend wurde und Reiner wieder lange zu bleiben schien, bat ich Elisabeth, bei ihm sitzen zu bleiben, damit wir schlafen konnte. Am nächsten Tag würden wir dann wieder bei ihm bleiben, wenn er wieder kommen würde. Er kam noch einige Male in den nächsten Tagen. Unsere Familie war für ihn ein Stück von Gisela. Außerdem konnte er zu Hause nicht reden. Seine Mutter sagte einmal: „Reiner sagt zu Hause kein Wort. Alles muß ich aus ihm herausziehen. Wenn ich wissen will, wie es Gisela geht, muß ich bei euch oder bei Gisela selbst anrufen." Bei uns konnte er reden. Er kam noch oft zu uns, einfach so von sich aus, oder wenn ich ihn eingeladen hatte. Das war meistens der Fall, wenn für Gisela eine heilige Messe gehalten wurde. Er tat mir immer leid, wenn er blaß und mit hängendem Kopf mit uns am Grab stand. Saßen wir dann bei Kaffee und Kuchen oder bei einem Gläschen Wein zusammen und sprachen über Gisela und was in dieser schlimmen Zeit alles war, dann war sie mitten unter uns.

Kampf um das Loslassen-Können

Für mich war es am schmerzlichsten, daß es zwischen Gisela und mir keine Verbindung mehr gab. Es wäre für mich, glaube ich, wesentlich leichter gewesen, wenn ich in ihrer letzten Stunde bei ihr hätte sein können. So ist sie ohne Abschied gegangen, und ich habe ihren Tod erlebt wie einen Dieb, der über Nacht gekommen ist, um mir mein Kind wegzunehmen. Eineinhalb Jahre hatte er Gisela begleitet, manchmal recht nah an ihrer Seite, dann wieder in einem größeren Abstand. Nun aber hat er sie in seine Arme genommen und hinübergebracht an das andere Ufer – zu dem es keine Brücke für uns gibt. Nicht nur einmal stand ich am Telefon und war versucht, noch einmal ihre Nummer zu wählen, um vielleicht doch noch einmal ihr so vertrautes „Hallo, Mama!" zu hören. Doch hinter dieser Nummer stand schon längst ein anderes Schicksal – ein anderer, leidender Mensch. Gisela ist für mich unerreichbar – unendlich fern, und ich kämpfe darum, sie loslassen zu können. Sie war mein Kind, das ich tragen und zur Welt bringen durfte. Ein Kind, das ich gepflegt und umsorgt habe, das ich erzogen habe und begleiten durfte zur Tür, die ins selbständige Leben führte. Die Tür hat sich aufgetan – aber sie führte nicht in das von uns erwartete irdische, sondern in das ewige, unendliche Leben. Ich hatte das Gefühl, die Tür sei hinter ihr zugeschlagen, noch ehe Gisela sich umdrehen und verabschieden konnte. Dorthin gibt es für mich keinen Zutritt, ehe nicht das Ende meiner Tage gekommen ist. Andererseits ist Gisela für mich eineinhalb Jahre lang gestorben – eine schrecklich lange Zeit, in der der Tod hätte jeden Tag zugreifen können. Viel länger aber wird es dauern, bis ich im Innersten wirklich Abschied genommen habe von ihr.

Fast jeden Tag ging ich in der ersten Zeit zu ihrem Grab, um es zu gießen oder die Blumen zusammenzustellen oder einfach, um bei ihr zu sein. Mit Vorliebe gehe ich auch heute noch in der Dämmerung zum Friedhof, um eine Kerze anzuzünden. „Das ewige Licht leuchte ihr!" Das Licht der Kerze erhellt dabei auch oft mein Herz und vertreibt für eine Weile Trauer und Trübsal. So wie ich mich in der Öffentlichkeit eisern beherrschen kann, genauso konnte und kann ich in so einer Abendstunde meinen Gefühlen freien Lauf lassen und brauche nicht nur nach innen zu weinen. Mit geschlossenen Augen stehe ich manchmal am Grab oder verweile in Hockstellung, wenn ich eine Kerze angezündet habe, und schaue Gisela an – so, wie ich sie im Sarg liegend gesehen habe. Es war und ist immer das gleiche schöne Bild. Der Blick in das tote Antlitz meiner Tochter ist zum prägendsten und ergreifendsten Erlebnis für mich geworden.

Beruhigt und mit einem gewissen inneren Frieden kehre ich von diesen Besuchen am Grabe heim, genauso beruhigt, wie ich von den Besuchen in der Klinik immer heimkehren konnte. Ohne einen konkreten Anlaß zu haben, ging ich oft in ihr Zimmer, setzte mich an ihr Bett oder schaute ihre Sachen und die vielen Geschenke an, die sie in der langen Zeit ihrer Krankheit bekommen hatte. Alles war so, wie sie es das letzte Mal verlassen hatte. Gisela hätte nur zu kommen brauchen. Am Bett war noch der Aufzug, den ich für sie angebracht hatte, damit sie sich aufrichten konnte; da war der Karton mit Kompressen, Wattestäbchen, Salben und allem, was sie sonst noch benötigt hatte. Auch das kleine Körbchen mit den Medikamenten, die sie ständig einnehmen mußte, wartete auf sie. Doch alles war mit einem Schlag wertlos geworden. Auf dem Stuhl stand immer noch ihre Tasche, in die die Schwestern Giselas Habseligkeiten nach ihrem Tod gepackt hatten. Einige Male unternahm ich den Versuch, sie auszuräumen, doch ich brachte es nicht fertig. Über ihre ganz persönlichen Dinge wollte und konnte ich einfach noch nicht verfügen. Zuoberst lag das Buch, das sie zuletzt gelesen hatte: „Hallo Mister Gott, hier spricht Anna". Es handelt von einem kleinen Mädchen, das eine ganz besondere Beziehung zum lieben Gott hatte und als Kind gestorben war. Ob dies für Gisela eine besondere Bedeutung hatte? Neben dem Buch lag ihr kleines Notizbuch. Immer wieder blätterte ich darin, um nach etwas zu suchen, von dem ich selbst nicht wußte, was es war, und legte es wieder zurück. In diesem Notizbuch lag auch der Brief, den sie unbedingt den Kindern im Kindergarten hatte schreiben wollen. Sie hatte es nicht mehr geschafft. An diesem Brief fiel mir etwas ganz Besonderes auf.

Gisela hatte ihren zwei kleinen Schwestern Anfang Mai auch einen Brief geschrieben. Der Text war in bunten Farben geschrieben. Der Absender lautete „Geheimnis". Neben die Adresse hatte sie eine schöne, leuchtende Sonnenblume gemalt. Auf den Umschlag des Kindergartenbriefes hatte sie auch eine Blume gemalt, es könnte eine blaue Aster gewesen sein, aber – es war eine total welke Blüte. Als ich ihr diesen Brief einpackte, damals als sie das letzte Mal und für immer von zu Hause fortging, war mir das nicht aufgefallen.

Es war eigenartig: War mir Gisela sonst so unendlich fern, in ihrem Zimmer spürte ich ihre Nähe so, als hätte sie sich nur versteckt. Ich sah sie die kleinen Blumensträußchen zusammenbinden, die sie in ihrem Zimmer zum Trocknen aufgehängt hatte und von denen sie sagte: „Jedes von ihnen hat eine Bedeutung für mich." Ich sah sie auch die vielen hübschen Dinge basteln, die in ihrem Regal standen oder aufgehängt waren. Auf dem Tisch stand der Plattenspieler. Wie oft hatte sie wohl ihre geliebte „Moldau" angehört? Wenn ich von so einer Erinnerungsreise zurückkam und mir bewußt wurde, daß dies nun alles der Vergangenheit angehörte, saß ich meistens an ihrem Bett und weinte. Ich bin überzeugt, daß jeder von uns den Tod anders erlebt und auf seine Weise damit fertig werden muß. Das Schlimme daran ist, daß einem dabei niemand helfen kann. Da muß jeder ganz allein durch. Mir half und hilft allerdings, daß ich Freundinnen habe, mit denen ich über alles reden und die ich jederzeit anrufen darf. Doch so vieles, das in mir vorging, was ich fühlte und empfand, war einfach nicht in Worte zu fassen. Auch jetzt, während ich das alles aufschreibe, ergeht es mir oft so.

„Auf den Gräbern blühen Blumen vergebens"

Als die Kränze am Grab nicht mehr schön waren und wir sie wegräumten, nahm ich von unserem Kranz, der mit mehr als einhundert roten Rosen gesteckt war, einen Strauß dieser Rosen mit nach Hause, um sie zu trocknen. Während ich sie zusammenband, um sie in Giselas Zimmer aufzuhängen, dachte ich an den Spruch „... und viel mehr Blumen während des Lebens, denn auf den Gräbern blühn sie vergebens." Wie wahr! Wie oft hatte ich Gisela weh getan, nicht verstanden oder nicht verstehen wollen und ihr das ohnehin so kurze Leben, bewußt oder unbewußt, schwergemacht? Mit noch so viel Rosen war das nicht mehr ungeschehen zu machen.

Ich habe schon erwähnt, daß Gisela sehr eigenwillig und oft nur darauf aus war, uns zu provozieren, ganz besonders in der Zeit kurz vor Beginn ihrer Krankheit. Aus diesem Grund hatte ich zweimal zu Hermann gesagt: „So kann es nicht mehr weitergehen, dieses Weib muß aus dem Haus." Fast jeden Tag gab es Streit, den sie heraufbeschworen hatte.

Wenige Wochen später war Gisela aus dem Haus – im Krankenhaus. Lange Zeit hat mich das ziemlich belastet, denn so hatte ich es nicht gemeint. Nun konnte ich für Gisela nur noch beten, und ich tat und tue es gerne. Mir fiel jedoch auf, daß mir das Vaterunser immer schwerer fiel. „Dein Wille geschehe", dieser Satz wollte mir kaum über die Lippen, so daß ich mich dazu zwingen mußte.

„Nur teilweise belichtet"

Ein Ereignis machte mich fast verrückt. Wie schon erwähnt, machte ich von Gisela noch Fotos. Auch das Grab und den Blumenschmuck wollte ich im Bilde festhalten. Weil der Film davon nicht voll wurde, machte ich zu Hause noch einige Aufnahmen, denn ich wollte die Fotos möglichst schnell haben. Mir fiel auf, daß mit dem Transporter etwas nicht ganz in Ordnung war. Als ich dann voller Erwartung die Fotos abholen wollte, war in der Mappe an Stelle der Bilder ein Zettel, auf dem geschrieben stand: „Ihr Film war nur teilweise belichtet." Mir wurde schlecht, so regte ich mich auf. Diese einmaligen und unwiederbringbaren Fotos waren für immer verloren. Ob ich in der Eile und Aufregung den Film nicht richtig eingelegt hatte – ich weiß es nicht. Mit diesem Apparat habe ich seitdem keine Fotos mehr gemacht. Es blieb uns also nur das Foto, das sie auch auf dem Abschiedsbrief befestigt hatte. Wir ließen davon zwei vergrößern und mit einem schönen Rahmen versehen. Eines davon schenkten wir Reiner, das andere bekam einen Ehrenplatz in unserem Wohnzimmer. Oft öffnete ich im Vorbeigehen die Tür, schaute eine Weile das Bild an und ging wieder. Sie ist in diesem Bild gegenwärtig.

Der letzte Klinikbesuch

Gisela hatte Reiner Geld gegeben, damit sollte er zwei Geschenkkörbe zusammenstellen. Einige Male war ja von einer baldigen Entlassung die Rede, und Gisela wollte dem Personal beider Stationen jeweils so einen Korb schenken. „Weißt du, Geld ist mir zu unpersönlich und zum Futtern sind sie immer zu haben", sagte sie. Als wir Giselas Sachen in der Klinik abholten, gab mir Reiner das Geld wieder mit der Bemerkung: „Das ist jetzt wohl nicht mehr nötig." Ich nahm das Geld zu mir und war momentan derselben Meinung. Doch nach dem Anruf von Schwester Julia dachte ich anders. Warum sollte das Personal eigentlich nichts bekommen? Daß Gisela sterben mußte, war ja nicht ihre Schuld, und sie hatten doch menschlich und medizinisch alles für sie getan. Ich gab also Reiner das Geld wieder und bat ihn, die Körbe doch zu richten. Den Zeitpunkt überließ ich

ihm, denn er wollte mitfahren, wenn ich die Körbe hin-
brachte. Es war bestimmt nicht leicht für ihn.

Anfang August stand zwischen den vielen Blumen auf
Giselas Grab ein frischer Rosenstrauß. Zum dritten Mal
hatte sich der Beginn der Freundschaft zwischen Reiner
und Gisela gejährt. Eine Woche später kam dann Reiner
und sagte, die Körbe seien fertig, und am Freitag würde er
gerne zur Klinik fahren, ob mir das recht sei. Es war mir
recht, und ich schrieb für jede Station noch einen Brief. Die
Briefe hatten folgenden Wortlaut:

„Gisela ist nun schon fünf Wochen tot, doch wir hoffen,
daß Ihr sie in der Hektik und Sorge um Eure Patienten nicht
schon vergessen habt. Es ist uns noch ein Bedürfnis, jedem
einzelnen von Euch recht herzlich zu danken. Wir wissen,
daß Ihr alles getan und versucht habt, Gisela am Leben zu
erhalten, doch das letzte Wort hat ein anderer gesprochen,
dem wir uns alle fügen müssen. Wie deprimierend muß es
doch sein für Euch, eineinhalb Jahre um ein Menschenle-
ben zu kämpfen, um dann doch wieder einmal vor dem
Nichts zu stehen. Deshalb bewundern wir Euren Einsatz
und vor allem das hohe Maß an Menschlichkeit, das Ihr
Tag für Tag für Eure Patienten aufbringt, oft weit über das
Normale und Übliche hinaus. Gisela hat immer nur lobend
von Euch gesprochen, und wir hatten stets das Gefühl, sie
in besten Händen zu haben. Darum nochmals ein herzli-
ches ‚Vergelt's Gott' Euch allen. Gisela wollte, wenn sie die
Klinik verlassen hätte, Euch ein Geschenk machen, darum
tun wir es jetzt für sie. Gott gebe Euch allen Mut und die
Kraft, weiterzumachen, um der vielen Leukämiekranken
willen.
                                        Eure Familie Albrecht"

Reiner wollte selbst fahren. Er wußte, wann die Zeit der
Übergabe war, und wo wir die Schwestern der Früh- und
Spätschicht antreffen würden, und er hatte recht. Sie saßen
gerade alle zusammen beim Kaffee. Alle schauten uns an,
als kämen wir von einem anderen Planeten und sagten

kaum ein Wort. Ob es die Überraschung war oder traurige Erinnerungen, die ihre Betroffenheit auslöste, weiß ich nicht. Vielleicht passiert es nicht so oft, daß sie auch dann Geschenke bekommen, wenn ein Patient gestorben ist. Ich sagte ihnen, daß es Giselas Wille gewesen sei und daß sie sich darüber freuen sollten.

Während ich die Fotos austeilte, die Gisela von den Schwestern, Pflegern und Patienten gemacht hatte, um sich später noch an sie erinnern zu können, kam Dr. Seidler ins Stationszimmer. Er warf mir einen kurzen Blick zu, gab mir hinter Schwester Julias Rücken rasch die Hand und war auch schon wieder verschwunden. Alle wollten sie Sterbebildchen und Fotos von Gisela. Zum Glück hatte ich einige mitgenommen. Dann gingen wir ins „Life". Auch die Schwester, die den Korb an der Tür in Empfang nahm, war sehr überrascht. Wir besuchten noch zwei Patientinnen, die wir kannten. Frau Lenz, eine von ihnen, ließ sich erzählen, wie es Gisela am Schluß ergangen war. Sie hatte nur noch mitbekommen, daß Gisela rasende Bauchschmerzen bekam. Zu Reiner sagte sie: „Und du, Reiner, hast ihr so viel Kraft gegeben." Etwas niedergeschlagen sagte sie dann: „Mir ist auch nicht mehr zu helfen. Die Leukämie überholt mich ständig. Die Krankheit ist schneller als die Therapie. Ich kann nur hoffen, noch ein paar erträgliche Wochen zu haben." Frau Lenz hatte zuerst Anämie, die dann umschlug in Leukämie.

Als wir uns verabschiedeten, konnte ich ihr nur noch viel Kraft wünschen. Dann gingen wir zu Pever, einer Türkin. „Warum du hier?" fragte sie mich, als ich zu ihr ans Bett kam. Ich erklärte ihr, soweit möglich, daß wir den Schwestern ein Geschenk gebracht hatten. „Ach, es ist ja so traurig", sagte sie.

In der Tür drehte ich mich noch einmal um und sah, wie Pever sich ruckartig in ihrem Bett aufrichtete und ihr Tuch wütend vom Kopf riß. Was in diesem Augenblick in ihr vorging, konnte ich nur ahnen.

Wieder im Gang, sah ich in der Tür zum „Life" Dr. Schmidt stehen. Wir begrüßten ihn. Er sagte: „Ich habe schon gehört, daß Sie da sind und uns etwas gebracht haben. Das wäre doch nicht notwendig gewesen. Es ist selbstverständlich, daß wir tun, was wir können." Ich dankte ihm für alles, was er für Gisela getan hatte. „Frau Albrecht", sagte er, „ich weiß, daß es sehr schlimm ist für Sie. Aber Sie dürfen sicher sein, es ist auch für uns jedesmal schlimm, wenn wir einen Menschen verlieren, besonders dann, wenn wir so einen verlieren wie Gisela. Wir haben sie alle sehr gemocht. Es tut mir leid für Sie, aber wir werden so weitermachen, weil wir wissen, daß es der einzige Weg ist."

Als wir dann wieder auf die Station zurückkamen, waren die Schwestern bereits im Einsatz. Nur Michael war noch da. Wir verabschiedeten uns, und Michael bedankte sich im Namen aller und sagte: „Ich habe Ihren Brief gelesen. Eines kann ich Ihnen versichern, vergessen werden wir Gisela nie, ein ganzes Leben nicht. Dazu hat sie uns viel zuviel hinterlassen. Es vergeht kein Tag, wo sie nicht von einem von uns erwähnt wird."

Nun war diese Mission also auch beendet. Ich kam ganz aufgewühlt nach Hause, doch im Innersten sehr zufrieden. Am 31. August, Giselas Geburtstag, an dem sie 20 Jahre geworden wäre, standen auf dem Grabhügel zwei frische Blumensträuße, einer von Reiner, der andere von uns. Es war Sonntag, und am Abend gingen Hermann und ich ein zweites Mal zum Grab. Auch Reiner kam um die Kirchenecke. Er kam dann noch mit zu uns, und wir verbrachten einen schönen Abend miteinander. Inzwischen habe ich auch noch einige Briefe von Mitpatienten und von den Eltern von Doris und Anja bekommen. Es waren tröstend und verzweifelte Briefe. Frau Scholz, die mit dem Tod ihrer Anja in keiner Weise fertig zu werden schien, versuchte ich in einem Brief zu trösten. Das ist allerdings nicht einfach, wenn man selbst leidet und zeitweise am Boden zerstört ist.

Irgendwann im Herbst las ich dann in der Zeitung, daß es

im Labor- und Ambulanzgebäude der Uni-Klinik gebrannt hatte. Ein junger Mann, der kurz zuvor selber als Patient dort gewesen war, hatte den Brand gelegt. Dieses Ereignis brachte mir das Haus wieder ganz nah, und mir wurde bewußt, wieviel von uns dort geblieben war: Immerhin das Leben eines Kindes. Wieviel Patienten mußten wohl unter diesem Brand leiden? Unangenehme und schmerzliche Untersuchungen müssen wiederholt werden; und wie viele unwiederbringbare Ergebnisse sind dem Feuer wohl zum Opfer gefallen?

Zweifel

Es kam Allerheiligen. Der Steinmetz hatte kurz zuvor den Grabstein gesetzt. Es war mir ein Bedürfnis, Giselas Grab so schön wie möglich zu bepflanzen und zu schmücken. In der letzten Zeit beschäftigte ich mich sehr mit dem Leben nach dem Tod, und ich hatte diesbezüglich große Schwierigkeiten. Gisela hatte einmal gesagt: „Es muß doch ein Leben nach dem Tod geben. Ich kann doch nicht einfach weg sein, irgendwo muß ich doch sein!" Damals war sie schon krank. Auch ich war immer der Überzeugung gewesen und glaubte auch jetzt noch daran. Aber wie sah dieses Leben wohl aus? Wo war Gisela jetzt, wie ging es ihr? War sie uns nah, oder ist sie fern von uns? Fragen türmten sich auf, auf die es keine Antwort gibt. Dazu kam dann noch das Evangelium von Allerheiligen. Es war ein Ausschnitt aus der Offenbarung des Johannes, in dem er seine Himmelsvision beschreibt: „Danach sah ich eine große Schar aus allen Nationen und Stämmen, Völkern und Sprachen. Sie standen in weißen Gewändern vor dem Lamm und vor dem Thron und trugen Palmzweige in den Händen." Dieses Evangelium war Wasser auf meine Zweifelsmühle. War es denn überhaupt möglich, daß ein Mensch in den Himmel sehen konnte? War die Heilige Schrift etwa nur eine Sammlung frommer Geschichten, denen wir alle auf den Leim gingen? War Jesus vielleicht nur ein Phantast, ein Spinner oder eben nur ein großartiger Mensch? Haben vielleicht seine Anhänger alles so hochgespielt?

Die Geschichte hat uns doch bewiesen, was Anhänger bestimmter Leute alles fertigbrachten. Dazu kam, daß die Heilige Schrift erst Jahrzehnte nach Christi Tod geschrieben wurde. Was konnte man nach so langer Zeit alles vergessen, verdrehen, hinzufügen, anders interpretieren? Ich war in eine fürchterliche Mühle geraten. Jedes Evangelium zweifelte ich an. Ich ging eine Weile nur noch der Kinder wegen zur Kirche. Dabei war ich immer der Meinung gewesen, mich könnte so schnell nichts aus der Bahn werfen. Und nun – schon beim ersten Sturm fiel ich um. Wie gut kann ich jetzt einen Apostel Petrus verstehen! Wie leicht ist es zu glauben, wenn alles gut- und glattgeht! Gerade dieser Glaube, der uns allen so geholfen hat in jener schweren Zeit, der mich buchstäblich getragen hatte – dieser Glaube wurde mir nun zum großen Problem. Darüber sprach ich mit einer Freundin und sagte: „Ich weiß nicht, ist das jetzt eine Prüfung Gottes – eine Versuchung des Teufels, oder habe ich mich selbst da hineinmanövriert?" Sie gab mir darauf zur Antwort: „Ach geh, wo wird denn der Teufel bei dir Platz haben! Du bist dabei, deinen Glauben neu zu erwerben und zu erarbeiten. Die meisten Christen meinen, der Glaube sei etwas Einmaliges, das man bei der Taufe einfach bekommen hat. In Wirklichkeit müssen wir den Glauben täglich erneuern. Diese Erfahrung, die du jetzt machen mußt, möchte ich eigentlich jedem wünschen. So schwer es für dich jetzt auch ist, du wirst, wenn du da durch bist, eine neue Sicht und einen tieferen Glauben haben." Nun, das war ein Ziel für mich, für das es sich lohnte, zu suchen und sich auseinanderzusetzen. Meine innere Unruhe und Zerrissenheit mußte sich wohl auch auf mein Äußeres übertragen haben, denn eine Frau aus dem Dorf fragte mich nach einem Sonntagsgottesdienst: „Annelies, ist etwas, du machst so einen bedrückten Eindruck?" Und ob etwas war! Ganz abgesehen von meinen Glaubensschwierigkeiten – über den Verlust eines Kindes kam ich nicht so ohne weiteres hinweg. Ich nahm es ihr aber nicht übel – genausowenig wie einer anderen, die sagte: „Weißt du, du darfst nicht vergessen, daß du ja noch acht gesunde Kinder hast." Sicher hatte ich die anderen noch, aber Gisela war ein Glied unserer Familie, das jetzt fehlte, wie uns ein Glied an unserem Körper fehlen würde. Das kann aber anscheinend nur der begreifen, der es selbst erlebt hat.

Eine neue, andere Nähe

Es kam der Martinstag. Mit Anita und Regina bastelte ich Laternen und ging mit ihnen zum Martinszug. Zwei Jahre zuvor hat Gisela noch die Texte gelesen und mit den Kindern gesungen. Nach dem Umzug ging ich mit Anita und Regina zum Friedhof, um Gisela das Licht des heiligen Martin zu bringen, und mir schien, als leuchtete die Kerze, die ich damit anzündete, besonders hell. Elisabeth hat inzwischen bei ihren Großeltern eine Wohnung bekommen. Reiner bot an, an seinem freien Tag beim Richten der Wohnung oder beim Umzug zu helfen. Das tat er dann auch. Er kam nur noch selten zu uns, und eigentlich nur dann, wenn wir ihn zum Kaffee eingeladen hatten. Für mich war das ein Zeichen dafür, daß er wieder Boden unter den Füßen hatte. Als Elisabeth ihre Wohnung bezog, bat sie mich um einige Dinge aus Giselas Zimmer. Ich gab sie ihr, hatte aber das Gefühl, etwas veruntreut zu haben. Noch immer war das Zimmer fast unverändert. Jedesmal, wenn ich es sauber machte, entschloß ich mich, etwas, das ich wirklich nicht mehr brauchen konnte, wegzuräumen. Es waren aber nie mehr als zwei oder drei Dinge. Die Medikamente hatte ich zur Apotheke gebracht und die Kleider mit Elisabeth aussortiert, denn sie konnte viele davon tragen. Auch die Tasche hatte ich inzwischen ausgeräumt, ihren Inhalt aber bis auf weiteres fein säuberlich auf den Tisch gelegt. Bis jetzt hatte ich es einfach noch nicht fertiggebracht, all das, was so eng in Verbindung zu Gisela stand, einfach in Kartons zu packen und wegzuräumen. Zu jener Zeit hatte ich sogar die Angewohnheit, alles, was ich ihr gern gezeigt hätte oder mir sehr wertvoll war, in ihr Zimmer zu tragen und dort aufzubewahren. Irgendwie wohnte Gisela doch noch – wenn auch anders – bei uns.

„Laßt Blüten aufbrechen am dürren Gezweig"

Es kam der Tag der heiligen Elisabeth, mein Namenstag. Meine Freundin, die mir einen neuen tieferen Glauben prophezeit hatte, schrieb mir aus diesem Anlaß eine Karte mit dem Bild einer krebskranken Frau auf der Vorderseite. Das Bild stellt einen Dornbusch dar, an dessen dürren Dornen Blüten aufbrechen, Blüten, die buchstäblich hineinwachsen in das Licht, Blüten, deren Wurzeln im Dunkeln sind.

„Laßt Blüten aufbrechen am dürren Gezweig meiner Dornen", steht unter dem Bild. Und meine Freundin schrieb dazu: Ich meine, dieses Wort wäre auch eine Botschaft an dich. Das ‚dürre Gezweig' könnte deine zeitweilige innere Leere, dein lähmender Schmerz, deine Fragen, Klagen und dein Annehmen des Leides sein. Auch aus deinen Dornen werden Blüten aufbrechen! Vielleicht spürst du dann und wann schon ihr Drängen ans Licht! Ich wünsche es dir so sehr."

Mein Gott! Ich konnte in meinem Inneren suchen, wo ich wollte – nirgends konnte ich eine Knospe oder gar eine Blüte finden. Nichts als Dornen, scharf und spitz.

Es wurde Advent, und die ganze Dramatik des Vorjahres lebte wieder in mir auf. Alle Daten der Transplantationen und der bangen Wartezeiten hatte ich noch im Kopf. Alles mußte ich praktisch noch einmal durchleben. Erschwerend kam aber hinzu, daß ich, im Gegensatz zum Vorjahr, völlig haltlos war, denn meine Zweifel hatten sich noch immer nicht gelegt. Eines aber wußte ich inzwischen. Wenn unser Glaube Irrtum war, dann war *Christus* der Eckstein. Ohne ihn würde alles zusammenfallen wie ein Kartenhaus. Und wenn gar nichts daran gewesen wäre an diesem Glauben, dann hätte er doch sicher nicht über zweitausend Jahre hinweg bestehen können. Weihnachten stand vor der Tür, und ich war mir darüber im klaren, daß es schwere Tage für uns sein würden. Ich hatte Angst davor. Am vergangenen Heiligen Abend hatten wir voller Hoffnung bei Gisela im Zelt gesessen, als die Bläser im Klinikhof die vertrauten Weihnachtslieder spielten. Dieses Jahr würden wir an ihrem Grab stehen, wenn unsere Musikanten nach der Christmette dieselben Lieder unter dem großen Friedhofskreuz spielten. Es wurde aber leichter, als ich es mir vorgestellt hatte, dieses Weihnachtsfest. Unsere zwei Kleinen haben uns mit ihrer kindlichen Freude und Begeisterung über das Christkind sehr geholfen. Außerdem hatte ich gar keine Zeit zum Grübeln. Wenn unsere Kinder alle zu Hause sind, ist immer etwas los. Reiner hatte schon einmal zu Elisabeth gesagt: „Daß ihr alle so gut über Giselas Tod hinweggekommen seid, ist nur eurer großen Familie zuzuschreiben." Damit hatte er sicher recht. Ging es dem einen schlecht, so haben es die anderen, denen es gerade besser ging, aufgefangen.

Zu Weihnachten hatten mir die Kinder einen Geldbetrag geschenkt, damit sollte ich ein wenig Urlaub machen. Sie hatten wohl bemerkt, daß ich mit meiner Kraft ziemlich am Ende war und meine Nervosität auch zu spüren bekommen. Gleich nach Neujahr wollte ich wegfahren, denn in den Ferien war es für Elisabeth leichter, mich zu vertreten. Zwei Wochen verbrachte ich bei meiner Freundin in Bayrischzell. Während dieses Urlaubs hatte ich einen Traum – den ersten und bis heute einzigen von Gisela. Ich möchte ihn später schildern. Wieder begann ich zu zweifeln. Wieweit konnte man Träume ernst nehmen? Wie oft war in der Heiligen Schrift von Träumen die Rede, die für die Betroffenen eine Botschaft sein sollten. Konnte dieser Traum nicht auch für mich eine Botschaft sein? Er brachte für mich auf jeden Fall eine große Wende.

Ein neuer Frühling

Wie jedes Jahr in der Faschingszeit fand auch in diesem Jahr unter der neuen Ortsbäuerin – denn ich hatte eine Wiederwahl im Herbst abgelehnt – eine Kaffeefahrt statt. Nach einigem Zögern meldete ich mich an und war an diesem Tag in guter Stimmung. Es war wie immer ein Musikant dabei, und die Frauen tanzten miteinander. Obwohl das Trauerjahr erst zur Hälfte um war, ließ ich mich mitreißen, den ich tanzte für mein Leben gern. Aber am nächsten Tag hatte ich dann doch ein schlechtes Gewissen, nicht Gisela, sondern der Leute wegen. Gisela hätte gesagt: „Klar gehst du tanzen, wenn es dir Spaß macht." Es war mir schon zu Ohren gekommen, daß jemand gesagt hatte, Albrechts mache Giselas Tod gar nicht so viel aus, wahrscheinlich weil wir nicht ständig einen völlig aufgelösten Eindruck machten. Und dann tanzte ich auch noch. Aber was sollte es! Sie alle hatten nicht gesehen, wie oft ich zu Hause in einem stillen Winkel weinte.

Ostern rückte näher, und plötzlich packte es mich. Ich begann Giselas Zimmer auszuräumen. Warum sollte dieses Zimmer noch länger leerstehen, wenn drei unserer Buben auf dem Dachboden schlafen mußten. Schublade für Schublade räumte und sortierte ich aus. Dabei fand ich ein Tagebuch, das Gisela zwischen dem vierzehnten und sechzehnten Lebensjahr geführt hatte. Dem konnte ich entnehmen, daß Gisela sich schon damals mit dem Tod beschäftigt hatte, aber auch, wie wenig ich Gisela wirklich kannte. Jetzt konnte ich auch Dinge wegwerfen, ohne danach ein schlechtes Gewissen zu haben. Es war sicher gut, daß ich mit dieser Aktion so lange gewartet und mir dadurch keinen Zwang angetan habe. Anita und Regina bezogen dann Giselas Zimmer. Das Foto, das Gisela als Kommunionkind zeigte, und einige andere Dinge, die sie gebastelt hatte, ließ ich im Zimmer. Sie zeugten davon, daß Gisela es einmal bewohnt hatte. Regina sagte einmal: „Gell, die Gisela sieht es bestimmt, daß wir jetzt in ihrem Zimmer sind." Ostern kam, und ich verfolgte die Kar- und Osterliturgie sehr aufmerksam. Ich erhoffte mir eine klärende Antwort auf meine Zweifel. Danach war mir dann klar, daß ich, wenn ich die Botschaft von Ostern ernst nehmen würde, meine Trauerkleidung ablegen müßte. Dabei fühlte ich mich doch noch sehr wohl in meiner schwarzen Kleidung.

Noch einen Tag hatte ich vor mir, vor dem ich Angst hatte – der Muttertag. Zuviel würde mich an den Muttertag des Vorjahres erinnern. Es wurde dann wirklich einer der schlimmsten Tage für mich. Nach dem Gottesdienst, in dem mich die Predigt schon sehr erschütterte, stand ich am Grab und weinte – in aller Öffentlichkeit. Wie hatte Gisela gesagt: „Nächstes Jahr kann ich dir vielleicht nichts mehr geben." Zum Glück brachte mich ein Besuch am Nachmittag wieder auf andere Gedanken.

Der Frühling kam wieder mit seiner ganzen Kraft und Schönheit. Und ganz sicher sprossen und blühten auch an der Autobahn wieder die Heckenrosen. Doch nicht nur an der Autobahn. Auch an den Dornen in meinem Herzen begannen Knospen ans Licht zu drängen und aufzubrechen.

Wir messen jetzt mit anderen Maßen

War es auch eine schreckliche Zeit, die wir hinter uns hatten – es war auch eine reiche und wertvolle Zeit. Neben dem ständigen Auf und Ab haben wir auch viele schöne Dinge erlebt. Zwischen Hoffen und Bangen durften wir viel

Menschlichkeit und Anteilnahme erfahren. Wir haben in dieser Zeit unsere wahren Freunde kennengelernt. Es hat uns aber doppelt hart getroffen, daß uns Menschen, die wir eigentlich hoch eingeschätzt hatten, allein gelassen haben. Gisela ist in ihrem Leiden ein wunderbarer Mensch geworden. Sie hat ihr Schicksal selbstverständlich angenommen und ist gottergeben und aufrecht in den Tod gegangen. Sie hat uns vorgelebt, wie man mit frohem Herzen leiden und sterben kann. Wenn es auch den Anschein hatte, als sei alles Beten umsonst gewesen, das eigentliche Wunder war doch, daß Gisela ihr Schicksal so annehmen und ertragen und sogar anderen noch Trost und Kraft geben konnte. Für mich sind all diese Erlebnisse und Erfahrungen zu einem wertvollen Geschenk geworden – zu einem Reichtum, den mir niemand nehmen oder streitig machen kann. Wir messen seit dieser Zeit mit anderen Maßen. Was uns vorher sehr wichtig war, ist plötzlich unwichtig. Wie vergänglich und unzuverlässig sind doch all die materiellen Werte, und wieviel kostbare Zeit verschwenden wir für sie! Wenn es um Leben oder Sterben geht, ist es unwichtig, was wir haben oder sind. So gesehen hat für mich jeder Tag, den Gisela leiden mußte – und es waren viele Tage – einen Sinn. Sie hat – so glaube ich – ihr Leben und Sterben auf Gott hin ausgerichtet. Ich habe großen Respekt vor ihr, und ich bezweifle sehr stark, ob ich fähig wäre, es ihr gleichzutun. Wenn ich zurückschaue, so habe ich zwar ein Kind hergeben müssen, aber doch auch vieles dafür bekommen. Könnte oder müßte ich das Rad der Zeit zurückdrehen, so würde mir, glaube ich, etwas fehlen, denn manchmal habe ich jetzt das Gefühl, vorher im Leerlauf gelebt zu haben.

Trotz dieser Blüten, die aufbrechen, bleiben die Dornen der Trauer, des Heimwehs, der Trennung und auch der Zweifel. Wenn ich den Tisch decke und ihren Platz übergehen muß, empfinde ich einen leichten Schmerz. War ich vorher überhaupt kein weinerlicher Typ, so kann ich jetzt ohne konkreten Anlaß anfangen zu weinen. Dabei habe ich das Gefühl, ein Eismantel, der sich um mein Herz gelegt hat, beginne zu tauen.

Hermann hat zu Gisela eine ganz andere Beziehung als ich. Er spürt ihre Nähe, kann mit ihr reden, sie um Hilfe bitten – und sie hat ihm auch schon geholfen. Trotzdem leidet er mehr als ich oder einfach nur anders. Das Lied vom Leid ist längst zu Ende. Seine Melodie aber klingt weiter, und ich werde sie hören bis ans Ende meiner Tage. Und ebenso lang werde ich fragen und hoffen.

Licht in der Nacht

Und dies ist der Traum, den ich während meines Urlaubs hatte und der für mich die Wende brachte, der zum Wegweiser in der Ausweglosigkeit und zum Licht in der Nacht der Trauer wurde:

Mit Hermann besuchte ich in meinem Heimatort das Grab meiner Eltern. Daneben war ein frisches offenes Grab, eine ehemalige alte Nachbarin war gestorben. Das Grab meiner Eltern war dabei beschädigt worden. Der Grabstein lag am Boden, und als wir näher kamen, sahen wir, daß auch das Grab offen war. In der Grube stand Giselas Sarg, darauf das schöne frische Blumenbukett. „Nun können wir sie ja doch noch fotografieren", sagte ich. Doch mein Mann meinte: „Das können wir doch hier nicht machen, wir nehmen den Sarg mit nach Hause." Wir hoben also den Sarg heraus und schleppten ihn nicht zu uns, sondern zu meinem Elternhaus. Als wir ein Stück gegangen waren, wurde der Sarg immer kleiner und leichter, und mein Mann sagte: „Ich weiß nicht, ob Gisela da drinnen ist. Das kann doch fast nicht sein." Inzwischen trug er den Sarg allein wie ein Päckchen an der Schnur. Als wir angekommen waren, hielt Hermann den Sarg – er war nur noch etwa 50 cm lang gegen das Licht. „Da ist nichts", sagte er, doch ich glaubte etwas gesehen zu haben. Gespannt öffneten wir den Sarg, und zum Vorschein kam – eine kleine lächelnde Heiligenfigur.

Später habe ich diesen Traum einmal einem Seelsorger erzählt. Er fragte mich, ob ich das denn annehmen könne. Ihm habe ich gesagt: „Vom Verstand her sicher nicht. Aber mir ist es nachher einfach besser gegangen." Er hat mir erwidert: „Das kannst Du annehmen, das mußt Du sogar annehmen, denn dieser Traum hat eine klare Botschaft, die Botschaft der Auferstehung. Das Grab war leer – der Sarg war leer."

Dieser Traum ist bis heute der einzige geblieben.

Anmerkung zum Schluß

Mit meinen Aufzeichnungen habe ich am 1. Juli 1987 angefangen. Beendet habe ich sie am 24. Februar 1988.

In dieser Zeit habe ich bemerkt, wie sich mein Denken
und Fühlen verändert haben. Teilweise war das, was ich in
meinem ersten Entwurf geschrieben habe, schon fast nicht
mehr gültig, als ich es in dieses Buch eintrug. Diese Erfahrung ist für mich sehr tröstlich, denn es ist ein Beweis für
mich, daß Trauer nicht endgültig ist. Vielleicht habe ich
mir doch vieles von der Seele geschrieben. Ich könnte das
aber nicht noch einmal schreiben, denn es hat mich viel
Kraft gekostet. Gelegentlich möchte ich aber auch in Zukunft Notizen machen, denn mein Denken und Fühlen
wird sich auch weiterhin verändern. Es wird aber immer
schwer sein, das in Worte zu fassen.

„Wer ein Warum zu leben hat, erträgt fast jedes Wie."
Diesen Satz hat mir ein Freund geschrieben. Und der
Glaube war auch für mich die einzig tragfähige Brücke, die
Leid, Hilflosigkeit, Trauer, gelegentlich auch Verzweiflung,
überspannen konnte.

Daß am Ende, auch eines jungen Lebens, nicht nur
Trauer und Verzweiflung stehen müssen, das habe ich er-
fahren am Leiden und Sterben Giselas, die so jung ihrer
Vollendung entgegengehen und entgegenreifen konnte.

Mein tragender Gedanke im Moment ist: Um Gisela
brauche ich mir keine Sorgen mehr zu machen. Ich hoffe,
daß es mir gelungen ist, ihren Leidensweg so aufzuzeigen,
daß er von denen, die diese Geschichte lesen, nachvollzo-
gen werden kann. Mein Wunsch ist, daß diese Geschichte
anderen eine kleine Hilfe sein kann, wenn es darum geht,
ein ähnliches schweres Kreuz zu tragen.

Anneliese Albrecht

Eine Geschichte, die Mut macht

Elisabeth Schillinger
Das Lächeln des Narren
Eine Geschichte vom Sterben
und von der Liebe
96 Seiten, gebunden
ISBN 3-451-21386-9

„In diesem Buch berichtet eine Frau von der schweren Krankheit ihres Mannes. Sie muß erleben, wie er in zunehmender Hilflosigkeit auf ihren Beistand und ihre Zuwendung angewiesen ist. Sie erzählt, ohne zu beschönigen, wie sie an Grenzen kommt und wie es ihr dann doch immer wieder gelingt, solche Tiefpunkte zu überwinden und durch alle Armseligkeit das Herz des Leidenden zu erreichen. Was Leben mit Krankheit, Begleitung eines Kranken bedeutet, wird hier wirklich zu einem Zeugnis menschlicher Liebe und Hoffnung" (Familie, Feldkirch).

Verlag Herder Freiburg · Basel · Wien

Bücher schenken neue Kraft

Marina Schnurre / Renate Kreibich-Fischer
Ich will fliegen, leben, tanzen
Zwei Frauen arbeiten mit Krebskranken
3. Auflage, 168 Seiten, Paperback. ISBN 3-451-20932-2

Zu neuen Kräften finden
Rat und Hilfe für pflegebedürftige alte Menschen
und ihre Angehörigen
Herausgegeben von Andreas Kruse
ca. 176 Seiten, Paperback. ISBN 3-451-21640-X

Paul G. Quinnett
Warum mit dem Leben Schluß machen?
Ein Ratgeber für Gefährdete und für die,
die sie verstehen und lieben
ca. 160 Seiten, Paperback. ISBN 3-451-21638-8

Vilma Sturm
Krankenbett
Aufzeichnungen
144 Seiten, gebunden. ISBN 3-451-21359-1

Martha Krause-Lang
Nie mehr so schön wie Sulamith
Lust und Last des Älterwerdens
3. Auflage, 168 Seiten, Paperback. ISBN 3-451-21126-2

Heidi Gidion
Und ich soll immer alles verstehen
Auf den Spuren von Müttern und Töchtern
2. Auflage, 200 Seiten, Paperback. ISBN 3-451-21129-7

Verlag Herder Freiburg · Basel · Wien